ORA
AUDAZMENTE

ATRÉVETE A PEDIR Y A CREER EN GRANDE

JOEL OSTEEN

Faith
Words

NEW YORK · NASHVILLE

OTROS LIBROS DE JOEL OSTEEN EN ESPAÑOL E INGLÉS

ORA

AUDAZMENTE

FaithWords
Hachette Book Group
1290 Avenue of the Americas, New York, NY 10104
faithwords.com
@FaithWords / @FaithWordsBooks

Primera edición: enero 2025

FaithWords es una división de Hachette Book Group, Inc. El nombre y logotipo de FaithWords corresponden a una marca registrada de Hachette Book Group, Inc.

La editorial no es responsable de los sitios web (o su contenido) que no sean propiedad de la editorial.

El Hachette Speakers Bureau ofrece una amplia gama de autores para eventos y charlas. Para más información, vaya a hachettespeakersbureau.com o envíe un correo electrónico a: HachetteSpeakers@hbgusa.com.

Los libros de FaithWords se pueden comprar al por mayor para uso comercial, educativo o promocional. Para obtener más información, comuníquese con su librero local o con el Departamento de Mercados Especiales de Hachette Book Group escribiendo a: special.markets@hbgusa.com.

A menos que se indique lo contrario, las escrituras mencionadas son paráfrasis del autor sobre el texto bíblico mencionado. Las escrituras marcadas como «NTV» han sido tomadas de la Santa Biblia, Nueva Traducción Viviente, © 2010 por Tyndale House Foundation. Usada con permiso de Tyndale House Publishers, Inc., 351 Executive Dr., Carol Stream, IL 60188, Estados Unidos de América. Todos los derechos reservados. / Las escrituras marcadas como «NVI» son tomadas de la Santa Biblia NUEVA VERSIÓN INTERNACIONAL® NVI® © 1999, 2015 por Biblica, Inc.® Usada con permiso de Biblica, Inc.® Todos los derechos reservados en todo el mundo. / Las escrituras marcadas como «NBLA» son tomadas de la Nueva Biblia de las Américas (NBLA), Copyright © 2005 por The Lockman Foundation. Usadas con permiso. www.NuevaBiblia.com. / Las escrituras bíblicas marcadas como «RVR1960» son tomadas de la Reina-Valera 1960® © Sociedades Bíblicas en América Latina, 1960. Renovado © Sociedades Bíblicas Unidas, 1988. Utilizado con permiso. Reina-Valera 1960® es una marca registrada de Sociedades Bíblicas Unidas, y se puede usar solamente bajo licencia.

Traducción y edición en español por LM Editorial Services | lydia@lmeditorial.com, con la colaboración de Belmonte Traductores (traducción del texto)

ISBN: 978-1-5460-0801-9 (tapa blanda) | E-ISBN: 978-1-5460-0802-6 (libro electrónico)

Impreso en los Estados Unidos de América / Printed in the United States of America

LSC

Printing 1, 2024

ÍNDICE

INTRODUCCIÓN

¿Alguna vez te has preguntado por qué tan pocas veces vemos hacer a Dios grandes cosas? Tal vez oíste o leíste sobre la extraordinaria respuesta a la oración de otra persona, y te preguntaste cómo tuvo esa persona la fe para orar tan audazmente. Quizá te estás preguntando qué hace que las oraciones de esa persona sean tan poderosas y eficaces.

Si ese es tu caso, no estás solo. En Lucas 11 dice que, después de que los discípulos vieron a Jesús orando en cierto lugar, se avivó en ellos el deseo de orar como Él lo hacía. Reconocieron la intimidad de sus oraciones a su Padre, cuán vital era para su vida, cuán audaz era Él en lo que pedía, que era muy diferente a las oraciones de la mañana y de la tarde que recitaban los fariseos y los líderes religiosos en las sinagogas. Era cómo oraba Jesús, y lo que Él oraba, lo que les impulsó a pedirle que les enseñara a orar.

Jesús les enseñó lo que conocemos ahora como el Padrenuestro. Comenzó diciendo: «Padre nuestro que estás en el cielo». La oración continúa y habla sobre nuestro pan de cada día, protección del mal, y perdonar a los demás. Sin embargo, es significativo que, antes de pedir por nuestras necesidades, antes de pedir protección y guía, Dios dice: «Quiero que reconozcas quién eres. Quiero que te veas a ti mismo como mi hijo, como mi hija». Aprender a orar audazmente comienza con decir: «Dios, sé quién soy. Te pertenezco a ti. Tú eres mi Padre. Tú me creaste. Tú me amas y cuidas de mí. Tú me proteges. Tú me favoreces». Si no sabes quién eres, el resto de esta oración no será eficaz. Como sabes que eres su hijo o su hija, puedes pedir en fe tu pan de cada día, tu protección y tu guía. Debido a quién eres, puedes mantenerte en paz sabiendo que tu Padre hará por ti más de lo que puedas pedir, pensar o imaginar.

He aprendido que tu modo de orar determina qué tipo de vida vives. Si solamente haces oraciones pequeñas, ordinarias y para salir del paso, vivirás una vida pequeña, ordinaria y para salir del paso. No hay nada de malo en esas oraciones, pero la Biblia dice que Dios puede hacer más abundantemente de lo que podemos pedir o pensar. Cuando tienes la audacia de pedirle grandes cosas al Creador del universo, al Dios Altísimo, a tu Padre celestial, verás la grandeza del poder y el amor de Dios.

En este libro descubrirás cómo hacer oraciones del tamaño de Dios. Te retaré a pedir la vida abundante, rebosante y más que suficiente que Dios tiene para ti. Para hacer eso, puede que tengas que dejar de permitir que tus circunstancias, o lo que creíste en el pasado, o cualquier mentalidad negativa, sigan consiguiendo que hagas oraciones débiles. Dios está escuchando y esperando que ores por tus sueños, por las cosas grandes que hay en tu corazón.

Si quieres que Dios esté contento, si quieres dibujar una sonrisa en su rostro, es el momento de eliminar los límites y atreverte a orar audazmente. Pero, antes de comenzar, permíteme que ore por ti:

Señor Dios, gracias por quién eres tú, nuestro Padre celestial, y por todo lo que has hecho para hacernos tus hijos e hijas. Gracias porque podemos conocerte a ti, el Dios Altísimo, y acercarnos a tu presencia con audacia y alegría. Sabemos que estás aquí con nosotros en este momento, y te adoramos. Te amamos porque tú nos amaste primero y nos escogiste. Reconocemos que todo lo bueno ha venido de ti, y te damos las gracias por las cosas nuevas que estás haciendo ahora mismo. Te invitamos a que tomes la lectura

*de las palabras de este libro y hagas más abundantemente
de lo que cualquiera de nosotros podría llegar a esperar
o imaginar. Sopla sobre nosotros y abre nuestros ojos a
una nueva visión de la vida abundante a la cual nos has
llamado. Ayúdanos a soltar todos los viejos pensamientos
negativos sobre la oración y a no conformarnos nunca con
una visión pequeña de ti. Ayúdanos a comenzar a pensar
como tú piensas, a pensar en grande, a pensar en aumento,
a pensar en avance y a pensar en victoria. Gracias por tu
provisión ilimitada de todo lo que necesitamos en esta vida.
Aumenta nuestra capacidad para creer y recibir. Quitamos
todos los límites porque sabemos que todo es posible para ti.
En el nombre de Jesús, amén.*

CAPÍTULO UNO

Atrévete a orar audazmente

Cuando sabes quién es nuestro Dios, quitarás los límites y le pedirás tus sueños, lo que parece imposible, las grandes cosas que Él ha puesto en tu corazón.

Uno de los motivos por el que no vemos a Dios hacer cosas grandes es que solamente pedimos cosas pequeñas. Oramos por los alimentos, oramos por protección, oramos por sabiduría y que todo vaya bien; sin embargo, ¿cuándo fue la última vez que le pediste a Dios algo que parece imposible, fuera de lo común, algo que tú mismo no podrías lograr? Si Dios respondiera a todo lo que estás orando ahora, ¿sería lo bastante grande y estarías satisfecho? ¿Estás pidiendo tus sueños? ¿Estás pidiendo algo que está más allá de lo que puedes lograr? ¿Estás orando por las peticiones secretas que sabes que Él ha puesto en tu corazón pero de las que no has hablado con nadie? Parecen demasiado grandes, impensables.

Muchas oraciones no están siendo respondidas simplemente porque no se están haciendo. Si haces solamente oraciones pequeñas, no verás la grandeza de nuestro Dios. Si solamente pides cosas pequeñas, no alcanzarás la plenitud de tu destino. Hay sueños

> **Muchas oraciones no están siendo respondidas simplemente porque no se están haciendo.**

que Dios ha puesto en tu corazón y obstáculos que enfrentarás y que son demasiado grandes para que puedas superarlos por ti mismo. Si no aprendes a hacer oraciones audaces, si no aprendes a pedir en grande, a pedir tus sueños, entonces te quedarás atascado donde estás.

«Joel, Dios tiene cosas más importantes con las que lidiar que esto». No estás incomodando a Dios al orar audazmente. Las oraciones audaces captan la atención de Dios. Las oraciones audaces causan que ángeles se pongan a trabajar. Las oraciones audaces abren puertas que tú nunca podrías abrir. Las oraciones audaces cambian situaciones imposibles. Cuando oras audazmente, estás liberando tu fe. Estás diciendo: «Dios, sé que no hay nada demasiado difícil para ti. Sé que tú todo lo puedes, eres el Creador del universo. Puedes llevarme donde yo no puedo ir por mí mismo».

¿Qué quieres?

Dios dice en el Salmo 2: «Tú eres mi hijo. ¿Qué quieres? Pídeme, y te daré naciones como regalo. Te daré continentes como premio». Estamos pidiendo cosas pequeñas, como: «Dios, ayúdame a llegar a fin de mes. Ayúdame a vivir con esta enfermedad. Ayúdame a soportar este trabajo». Dios está diciendo: «Yo tengo naciones para ti. Tengo algo extraordinario en tu futuro, algo más grande de lo que has imaginado, pero hay una condición. Tienes que pedir». No verás las naciones, no verás los continentes como un premio si estás haciendo oraciones pequeñas, débiles y limitadas. «Dios, tú sabes sobre los precios de la gasolina, la inflación y la recesión. Ayúdame a hacer el pago de mi

> No verás las naciones, no verás los continentes como un premio si estás haciendo oraciones pequeñas, débiles y limitadas.

casa este mes». Esa es una oración común y ordinaria. Una oración audaz es esta: «Dios, ayúdame a pagar por completo mi casa. Ayúdame a tener a rebosar para así poder pagar la casa de otra persona». Una oración normal es esta: «Dios, mi hijo va por mal camino. Ayúdale a no meterse en problemas. Mantenlo apartado del camino del daño». Eso es bueno, pero las oraciones ordinarias consiguen resultados ordinarios. Si solamente oras por cosas pequeñas, solamente recibirás cosas pequeñas. Una oración audaz es esta: «Dios, te pido que no solo protejas a mi hijo sino que lo ayudes a cumplir su destino. Úsalo de maneras grandes para que marque una diferencia con su vida». Tal vez atravesaste decepciones, y la vida te ha lanzado bolas con efecto y complicadas. Una oración normal es: «Dios, ayúdame a sobrevivir. Ayúdame a resistir». Una oración audaz es: «Padre, tú dices que me darás el doble por las cosas injustas que sucedieron. Tú dices que tienes belleza en lugar de estas cenizas. Por eso, Señor, te doy gracias porque algo extraordinario llegará a mi camino».

Santiago 4 dice: «Piden y no reciben, porque piden mal». La palabra *mal* significa «enfermizo, débil, miserable». Significa que no recibirás cuando hagas oraciones enfermizas, cuando hagas oraciones débiles. Cuando oramos para sobrevivir, para resistir, solamente para salir adelante, eso es una oración enfermiza. «Dios, estoy derrotado. Estoy bajo mucha

> Esa oración necesita ir a la unidad de Cuidados Intensivos. Esa oración está en las últimas.

presión. Tienes que hacer algo». Esa oración necesita ir a la unidad de Cuidados Intensivos. Esa oración está en las últimas. Prueba un enfoque diferente, una oración audaz. «Dios, hay muchas cosas contra mí, pero sé que quien está conmigo es mayor que lo que intenta detenerme. Señor, gracias porque la marea de la batalla está comenzando a cambiar ahora mismo». Esa es una oración saludable, que capta la atención de Dios. Él responde a las oraciones llenas de fe.

Algunas veces, lo que llamamos oración es en realidad una sesión de quejas. «Dios, la gente en el trabajo me pone de los nervios. Mis hijos no me agradecen nada. Me duela la espalda. Mi esposo está siendo desagradable. No le caigo bien al perro, y el pez está deprimido. Dios, tienes que hacer algo». Esa es una oración enfermiza. Tienes que orar desde un lugar de fe. No tienes que contarle a Dios todos tus problemas, pues Él ya sabe todo lo que sucede. Pídele lo que quieres que Él haga. Pídele aquello que estás creyendo. «Dios, me enfrento a todos estos problemas, pero te doy gracias porque tú estás cambiando las cosas y peleando mis batallas. Sé que tú me sacarás de esta situación mejor de lo que estaba antes».

> Cuando sabes quién es nuestro Dios, cuando entiendes que Él creó el universo, hizo existir mundos con sus palabras, separó las aguas del Mar Rojo, sanó a leprosos, multiplicó alimentos y cerró las bocas de leones, no le pedirías solamente agua, cosas ordinarias.

En Juan 4, Jesús ha viajado a una ciudad en Samaria. Sus discípulos fueron al pueblo a conseguir comida mientras Él se sentó en un pozo a esperarlos. Se acercó una mujer a sacar agua del pozo, y Jesús le pidió de beber. Ella dijo: «Señor, eres judío y yo soy mujer samaritana. ¿Por qué me pides de beber?». En aquel entonces, los hombres judíos se negaban a tener nada que ver con los varones samaritanos, y mucho menos con mujeres. Jesús le dijo: «Si supieras quién soy y cuán generoso es nuestro Dios, tú me pedirías y yo te daría agua viva». Ella le dijo: «Pero ni siquiera tienes un cubo para sacarla. ¿Cómo vas a conseguir esa agua viva?». Ella pensaba en el agua del pozo, algo común y ordinario; pero Jesús dijo: «Si supieras quién soy, no me pedirías agua. Yo tengo mucho más. Puedo darte agua viva». Cuando sabes quién es nuestro Dios, cuando entiendes que Él creó el universo, hizo existir mundos con sus palabras, separó las aguas del Mar Rojo, sanó a leprosos, multiplicó alimentos y cerró las bocas de leones, no le pedirías solamente agua, cosas ordinarias. Le pedirás agua viva. Le pedirás tus sueños. Le pedirás lo que parece imposible. ¿Eres como aquella mujer que le pidió agua, que le pidió lo ordinario? Él dice: «Yo tengo agua viva. Tengo abundancia. Tengo sanidad. Tengo victorias. Tengo casas. Tengo negocios. Tengo ministerios. Tengo favor que te catapultará donde tú mismo no puedes llegar».

Sé fuerte y actúa

La Escritura dice: «El pueblo que conoce a su Dios será fuerte y actuará». Cuando sabes con quién estás hablando, no harás oraciones débiles ni oraciones enfermizas. Harás oraciones audaces. Pedirás cosas que otras personas creen que están fuera de tu alcance, que son demasiado y que nunca podrían suceder. Las oraciones audaces consiguen resultados audaces. Yo no estaría haciendo lo que hago en la actualidad si no hubiera aprendido este principio de pedirle a Dios cosas grandes, cosas que parecían demasiado para mí pero que yo sabía en lo profundo de mi ser que Dios las había puesto en mi corazón. No quiero llegar al final de mi vida y preguntarme qué habría ocurrido si hubiera orado audazmente, si hubiera creído en grande, y si hubiera quitado los límites a Dios.

Tres años después de que mi padre falleciera y yo pasara a ser el pastor de la iglesia, un amigo me llamó y me dijo que el equipo de básquet de los Houston Rockets se iba a mudar de su edificio, el antiguo Compaq Center, y que lo iban a poner a la venta. Cuando oí eso,

> Dios pondrá cosas en tu corazón a propósito que sean demasiado grandes para ti, que sean demasiado, que parezcan imposibles.

algo se avivó en mi interior. Supe que debía ser nuestro. Sin embargo, todo en mi mente me decía: «No hay modo alguno de que el ayuntamiento permita nunca que una iglesia tenga ese edificio. Además, no estás calificado ni tienes el dinero para comprarlo. ¿Cómo podrás pagarlo?». Pero Dios pondrá cosas en tu corazón a propósito que sean demasiado grandes para ti, que sean demasiado, que parezcan imposibles. Eso es una prueba. ¿Te convencerás a ti mismo para no hacerlo? ¿Pedirás solamente agua? ¿Pedirás solamente lo normal? ¿O vas a reconocer a Aquel que está poniendo en ti ese sueño? ¿Vas a reconocer con quién estás tratando, el Creador todopoderoso del universo? Cuando lo hagas, le pedirás agua viva. Yo dije: «Dios, esto es demasiado para mí pero sé que no es demasiado para ti. No tenemos los fondos, pero sé que tú eres el dueño de todo. Dios, quienes se oponen a nosotros son más grandes y más fuertes, pero sé que tú que estás por nosotros eres más poderoso que lo que está contra nosotros».

Las noches en las que no había eventos en el Compaq Center, Victoria y yo caminábamos alrededor del edificio y dábamos gracias a Dios porque Él estaba abriendo un camino donde nosotros no veíamos ninguno. Contra todo pronóstico se abrieron puertas, aparecieron las personas adecuadas, y Dios nos dio el edificio. ¿Estás haciendo alguna oración audaz? ¿Estás creyendo algo que está fuera de tu alcance? Tu mente dice: «No hay modo alguno». Tal vez es establecer un nuevo estándar para tu familia. «Dios, permite que me levante de esta carencia y mediocridad. Que pueda dejar una herencia a los hijos de mis hijos». Quizá sea: «Dios, permite que tenga mi propio negocio. Que pueda construir ese orfanato. Que sea libre de esta enfermedad». No verás las cosas grandes si solamente estás orando por las cosas pequeñas.

> **¿Estás creyendo algo que está fuera de tu alcance?**

Pide tus sueños

Muchas veces, cuando las personas en el Antiguo Testamento se enfrentaban a un gran desafío, comenzaban su oración hablando de la grandeza de Dios. En 2 Crónicas 20 el rey Josafat y el pueblo de Judá estaban rodeados por tres ejércitos, y se acercaban rápidamente. Él reunió al pueblo en la plaza de la ciudad en Jerusalén, y levantaron su mirada a los cielos. Josafat no dijo: «Dios, ¿dónde estás? ¿Ves lo que está ocurriendo? Estamos a punto de ser capturados». En cambio dijo: «Oh Señor, solo tú eres Dios. Tú eres quien gobierna todos los reinos de las naciones. Tú eres tan poderoso y grandioso que nadie puede hacerte frente. Recordamos cómo nos levantaste de la guerra, de la hambruna, de la enfermedad. Ahora te pedimos a ti, nuestro gran Dios, que nos libres de estos ejércitos poderosos». Cuando te recuerdas a ti mismo con quién estás hablando, no harás oraciones débiles. No harás oraciones enfermizas. Orarás audazmente. Le pedirás a Dios que haga lo imposible, lo que parece improbable. Esas son las oraciones que captan la atención de Dios. El pueblo de Judá ni siquiera tuvo que luchar. Los tres ejércitos enemigos se pelearon entre ellos y terminaron destruyéndose.

Conocí a una joven después de uno de los servicios de nuestra iglesia que no hablaba inglés cuando llegó a los Estados Unidos con su familia desde Sudamérica. Comenzó a asistir a Lakewood y escuchaba mediante auriculares los servicios traducidos al español. Un domingo, me oyó hablar de hacer oraciones audaces y creer los sueños que Dios puso en nuestro corazón. Ella siempre había querido comenzar un negocio para ayudar a personas a aprender a hablar inglés. Dijo: «En ese servicio, por primera vez dije: "Dios, quiero tener mi propio negocio. Ayúdame a que eso suceda"». En ese tiempo estaba intentando aprender inglés pero todavía no podía hablarlo; sin embargo, sabía que eso era algo que Dios puso en su espíritu. Su fe se activó cuando tuvo la audacia de pedirlo. Se atrevió a pedir lo que parecía imposible. Catorce años después, esta mujer tiene un negocio increíblemente exitoso. Ha enseñado a miles de personas a hablar inglés, y dice: «Dios ha hecho mucho más de lo que yo nunca imaginé».

> No pases toda tu vida pidiendo agua a Dios cuando Él tiene agua viva, algo que nunca has experimentado: favor sobrenatural, aumento sobrenatural, sanidad sobrenatural.

Me pregunto si hay sueños encerrados en ti por los que nunca has pedido. ¿Hay algún Compaq Center del cual nunca te has atrevido a decir: «Dios, permite que suceda»? ¿Hay una sanidad, un negocio, un cónyuge, o libertad de una adicción que Dios está a la espera de que seas lo bastante audaz para pedirle por ello? Puede parecer demasiado para ti, demasiado lejano, y cada circunstancia dice que nunca sucederá, pero ¿entiendes con quién estás tratando? No pases toda tu vida pidiendo agua a Dios cuando Él tiene agua viva, algo que nunca has experimentado: favor sobrenatural, aumento sobrenatural, sanidad sobrenatural. Cuando tu mente intente convencerte de lo contrario, tienes que hacer lo que hizo Josafat y decir: «Oh Señor Dios, no hay nadie como tú. Tú creaste los cielos y la tierra. Tienes todo el poder en tu mano. Cuando tú hablas, se crean universos. Dios, creo que tú puedes hacer lo que prometiste. Te pido que hagas que se cumpla este sueño».

¿Dónde estarás en diez años si haces lo que hizo esa mujer y comienzas a orar audazmente? Dios ha puesto cosas en todos nosotros que no podemos lograr solos. Puede que no tengamos la experiencia, los fondos o el entrenamiento. Los obstáculos son demasiado grandes, y las personas que están contra nosotros son demasiado fuertes. Si pudieras hacerlo por ti mismo, no necesitarías la ayuda de Dios. Es entonces cuando tienes que hacer una oración audaz; no una oración débil o una oración para salir del paso. «Dios, así soy yo. Estoy en desventaja, así que dame las sobras». Tienes que activar tu fe. Tienes que pedir tus sueños, pedir tus metas, pedir a Dios que abra puertas que parecen imposibles. Pídele que prospere tu negocio, pídele que tus hijos sean poderosos en la tierra, pídele que lleve a tu familia a un nuevo nivel. Sí, está bien pedir agua, pero estás hablando con Aquel que puede darte agua viva. Él tiene mucho más. Tal vez no veas cómo puede suceder, pero es lo que significa la fe. «Dios, no veo un camino, pero sé que tú tienes un camino».

No ores en pequeño

Imagina que hay un almacén inmenso en el cielo lleno de cajas colocadas sobre estantes. Dondequiera que mires, hay kilómetros y kilómetros de cajas. Cada caja tiene un nombre en ella. Cuando le preguntas a Dios qué son esas cajas, Él dice: «Estas cajas son bendiciones que yo tenía para mi pueblo, pero ellos nunca las pidieron. Hay un negocio en esa caja que pertenecía a Juan, pero él nunca lo pidió. Hay un Compaq Center que pertenecía a Julia, pero ella nunca lo pidió. Yo tenía una sanidad para Rolando, hay libertad que pertenecía a Raquel, y hay una propiedad que yo tenía para María, pero ellos solamente oraron por cosas pequeñas. Solo pidieron agua. Nunca me pidieron sus sueños. Nunca me pidieron algo fuera de lo común». No permitas que tu caja se quede en un estante. No dejes que esas bendiciones queden sin ser reclamadas. Hay cosas que Dios ha puesto en tu corazón, cosas que Él ha susurrado en la noche, pero tienes que comenzar

> Hay cosas que Dios ha puesto en tu corazón, cosas que Él ha susurrado en la noche, pero tienes que comenzar a pedírselas.

a pedírselas. Comienza a hacer oraciones audaces. «Bueno, ¿y si mi deseo no es algo que Dios quiere?». Si no es lo correcto, no sucederá; pero ¿y si es lo correcto y nunca lo pides? Solamente hiciste oraciones pequeñas y lo perdiste.

> **Comienza a hacer grandes oraciones, pidiendo grandes cosas, para marcar una diferencia en tu comunidad, y que así el mundo sea un lugar mejor.**

«Joel, no quiero ser codicioso. No quiero estar en esto solamente por mí». No, tu destino está ligado a ayudar a los demás. Tu tarea está ligada a edificar el reino. No es codicioso querer llevar a tu familia a un nuevo nivel. No es erróneo querer ver tu negocio bendecido para poder apoyar el reino de manera más grande. La clave es esta: ¿dónde está tu corazón? Está claro que, si solamente se trata de ti (lucir bien, construir tu ego sin que te importen los demás), esa es la motivación errónea; sin embargo, cuando en tu corazón está honrar a Dios con todo aquello con lo que Él te ha bendecido, bendecir a tu familia y ser una bendición mayor para otros, puedes pedir grandes cosas y observar lo que Dios hará. Tengo un amigo que proporciona comida a un millón de niños cada día. Apoya a organizaciones benéficas que se ocupan de cuidar a todos esos niños. Eso me inspira a orar: «Dios, bendíceme de tal modo que pueda alimentar a un millón de niños». Serán necesarias oraciones audaces para hacer las cosas extraordinarias que Dios te ha llamado a hacer. No has visto, oído o imaginado lo que Dios tiene preparado para ti. Quítale todo límite. Comienza a hacer grandes oraciones, pidiendo grandes cosas, para marcar una diferencia en tu comunidad y que así el mundo sea un lugar mejor.

Puede ser que Dios vaya a usarte para encontrar una cura para una enfermedad, para salvar vidas, o para financiar un hospital donde ahora no hay cuidado médico. Tal vez quiere que desarrolles *software* que impactará al mundo, o que escribas un libro éxito de ventas o compongas una canción que inspire a las personas, o que produzcas películas edificantes.

> **Ora en grande, cree en grande, y Dios superará tus expectativas.**

Quizá seas quien criará a un hijo que llegará a ser el próximo presidente, senador, arquitecto, maestro, pastor o líder. ¿Cómo sucederá eso? Orando audazmente, pidiéndole a Dios los sueños que Él puso en tu corazón. Tienes que ponerte de acuerdo con Dios. No vayas por la vida con una visión pequeña. No ores en pequeño y pienses en pequeño. Activas tu fe no solo creyendo sino también pidiendo. Tienes que decir: «Dios, que pueda influir en la cultura. Que mis hijos dejen su marca. Abre puertas para que pueda lograr lo que tú me has destinado a hacer». Ora en grande, cree en grande, y Dios superará tus expectativas. Él hará más de lo que puedes imaginar

Vivimos en una época en la que Dios se mostrará de maneras nuevas. Número uno: Él busca personas que lo honren viviendo una vida de integridad, de carácter, poniéndolo a Él en primer lugar. Y, número dos: Él busca personas que creerán en grande, personas que saldrán de sus zonas de comodidad y no harán oraciones débiles, no pedirán agua sino que pedirán el agua viva, cosas que no pueden hacer por sí solos. Cuando te quedas sin opciones, es cuando Dios interviene. Cuando tienes todo en contra, cuando cada circunstancia dice que no hay manera, es entonces cuando Dios dice: «Déjame mostrarte por qué mi nombre es el gran YO SOY. Déjame mostrarte quién controla el universo. Déjame mostrarte cómo puedo abrir puertas, cómo puedo cambiar las mentes de las personas, cómo puedo hacer que aparezcan las personas adecuadas, y cómo rompo cadenas que te han retenido. Déjame mostrarte favor, promoción e influencia que te catapulten más allá de lo que puedes imaginar». No estamos lidiando con un Dios débil que busca ideas, que se rasca la cabeza esperando que los planes salgan bien. Hablamos con la fuerza más poderosa del universo. Cuando Él calmó el Mar de Galilea, los discípulos quedaron asombrados. Dijeron: «¿Quién es este hombre a quien incluso los vientos y las olas obedecen?».

> Si quieres captar la atención de Dios, no hagas oraciones débiles. Dios responde las oraciones audaces.

Si quieres captar la atención de Dios, no hagas oraciones débiles. Dios responde las oraciones audaces. Cuando oras audazmente, estás diciendo: «Dios, sé quién eres tú. Reconozco que todo lo puedes, que no hay nada que pueda estar contra ti. Sucederá lo que tú te has propuesto». Personas no pueden detenerlo, malas rachas no pueden detenerlo, la enfermedad no puede detenerlo, cómo te criaron no puede detenerlo, e incluso el viento y las olas no pueden detenerlo. Estás orando a un Dios que tiene el control completo, no solo de tu vida sino también de tus entornos.

Atrévete a pedir

En la Escritura, cinco ejércitos se juntaron contra el pueblo de Israel y el pueblo de Gabaón. Josué ya había conquistado Jericó y dirigió a los israelitas a la Tierra Prometida. Ahora enfrentaba otro gran desafío. La ciudad de Gabaón estaba al lado de donde él estaba acampado en Gilgal, y los gabaonitas eran sus aliados. Enviaron palabra de que estos ejércitos los estaban atacando porque habían hecho un tratado de paz con Israel. Estos reyes no querían que los israelitas fueran tan fuertes; por lo tanto, Josué y sus hombres viajaron toda la noche, se acercaron sigilosamente a los ejércitos y los atacaron. Los ejércitos enemigos fueron agarrados fuera de guardia y comenzaron a huir. Dios envió una gran tormenta de granizo que mató a muchos de los soldados enemigos que huían. Lo interesante es que ninguno de los hombres de Josué fue dañado por el granizo. Cuando el día estaba ya avanzado, Josué intentó terminar con ellos. Sabía que, si no los aniquilaba por completo, causarían problemas en el futuro; sin embargo, ¿qué podía hacer? Estaba a punto de oscurecer, y escaparían.

Pudo haber orado: «Dios, tal vez podamos derrotar al resto en otro momento. Tan solo danos fuerzas para regresar a casa y protégenos mientras viajamos». Esa habría sido una oración ordinaria; pero Josué no era ordinario y era poco común. Sabía cómo hacer oraciones audaces. Detuvo lo que los soldados israelitas estaban haciendo. Puedo imaginar a todos mirándolo y a alguien preguntando: «¿Por qué dejaste de perseguirlos? ¿Por qué ya no los perseguimos?».

> **Dios no es intimidado cuando haces oraciones audaces. Tampoco está desconcertado para pensar en cómo llevar a cabo su propósito.**

Josué respondió: «Esperen. Tengo que orar». Todos estaban intrigados y se preguntaban: *¿Qué va a orar?* Él dijo: «Dios, te pido que detengas el sol. Mantén la luna en su lugar. Dios, necesitamos la luz para terminar con ellos». Puedo imaginar a sus hombres pensando: *El calor le ha afectado. Josué se está volviendo loco.* Dios podría haber dicho: «Josué, ¿qué clase de oración es esa? ¿No sabes que el sistema solar tiene que seguir en movimiento, que los planetas están rotando? Todo es preciso. Tiene que estar en sintonía perfecta. No puedo detener el sol». Pero Dios no es intimidado cuando haces oraciones audaces. Tampoco está desconcertado para pensar en cómo llevar a cabo su propósito. De hecho, Él es quien puso la idea en ti desde el principio.

Josué pidió que el sol se detuviera. El versículo siguiente dice simplemente: «Y el sol se detuvo, y la luna se detuvo hasta que los israelitas derrotaron a sus enemigos». No se dan grandes explicaciones. Uno pensaría que habría varios versículos describiendo cómo tuvo lugar ese suceso asombroso; sin embargo, lo trata como si no fuera gran cosa.

Dios quiso que el sol se detuviera, y se detuvo. «Joel, eso parece demasiado extremo». Sí, pero servimos a un Dios extremo. Leemos en Efesios que Dios tiene un favor extremo para nosotros. Sé que, hablando lógicamente, eso no tiene sentido. En lo natural no hay manera, pero Dios es sobrenatural. Él creó el sistema solar. Él dio existencia al universo con sus palabras, y puede detener lo que Él quiera detener y aun así hacer que funcione. ¿Estás haciendo alguna oración audaz? Tal vez no para que el sol se detenga, pero quizá para que tu hijo haga algo extraordinario, para que puedas establecer un estándar nuevo para tu familia, para poder alcanzar el sueño que parece tan lejano. Dios puso el pensamiento en ti, y tal vez está esperando a que pidas.

No te pierdas tu milagro

Un amigo mío no se sentía bien. Concertó una cita con su médico, y su esposa lo dejó en la puerta. Él le dijo: «Regresa a recogerme en un par de horas». Dos horas se convirtieron en cinco meses en el hospital. Tenía COVID-19 y le pusieron un respirador. La situación no se veía bien. Finalmente perdió la consciencia y estuvo en coma por setenta y dos días. Tres veces su corazón dejó de latir, y le trajeron de regreso a la vida. Una vez más, la enfermera llamó a su esposa y le dijo que estaba a punto de fallecer. Ella fue al hospital, pero durante la epidemia de COVID no se permitía entrar a los visitantes. Sin embargo, en cierto momento ella observó que el guardia de seguridad no estaba mirando, y pudo pasar por su lado y meterse en el elevador. (No estoy sugiriendo que quebrantes las normas del hospital; esta es su historia). Ella salió del elevador, esperó a que se fueran las enfermeras y entró en la habitación de su esposo. Él seguía en coma. Ella dijo en voz alta su nombre completo y clamó: «En el nombre de Jesús, te ordeno que regreses a este cuerpo, que vivas y no mueras». De repente, tras estar en coma por más de dos meses, él despertó. Me dijo: «Joel, oí esa oración». Ese fue el punto de inflexión. Comenzó a recuperarse, y hoy está perfectamente sano y cumpliendo su propósito. Me pregunto dónde estaría si su esposa no se hubiera colado hasta allí y si no hubiera sabido cómo hacer oraciones audaces.

Mi pregunta es esta: ¿Estás haciendo alguna oración audaz? ¿Le estás pidiendo a Dios que cambie situaciones que parecen imposibles, o te has convencido de que eso no es posible? ¿Cuántos milagros te estás perdiendo porque no estás pidiendo? Atrévete a pedir no solo por tus necesidades, no solo por cosas pequeñas sino también por tus sueños; pide las cosas grandes que Dios ha puesto en tu corazón. Él anhela ser bueno contigo. Quiere mostrarte su favor de maneras nuevas, pero está esperando a que le pidas. Si lo haces, creo y declaro, junto con Josué, que vas a ver cosas sobrenaturales, verás abrirse puertas que nunca soñaste que se abrirían, aparecerán las personas correctas, sanidad, ascenso, victorias y la plenitud de tu destino.

> **¿Estás haciendo alguna oración audaz?**

CAPÍTULO DOS

Bendecidos en verdad

Cuando oras audazmente, cuando pides en fe y declarando la grandeza de Dios, Él hará suceder cosas que tú nunca podrías hacer que sucedan.

La mayoría de nosotros creemos que debemos ser bendecidos, que Dios tiene un buen plan para nuestras vidas. Le pedimos que nos cuide, nos proteja y supla nuestras necesidades. Eso está bien, pero Dios no solo quiere hacer lo ordinario y común; Él tiene bendiciones inusuales, aumento inusual, un favor sin precedente para ti. Su sueño para tu vida es mucho mayor que el que tú tienes, pero esta es la clave: si quieres ver lo poco común, no puedes hacer solamente oraciones comunes. No puedes pedir solamente lo ordinario. Tienes que pedir sueños que parecen imposibles, un aumento que parezca fuera de tu alcance, favor para superar obstáculos que se ven demasiado grandes. Si haces solamente oraciones pequeñas, verás resultados pequeños. Si solo le pides a Dios que supla tus necesidades, eso limitará lo que Él hará.

La Escritura dice: «No tienen porque no piden». ¿Cuántas de tus oraciones no son respondidas porque nunca pediste? Nunca tuviste la audacia para decir: «Dios, muéstrate en mi vida. Llévame donde yo no pueda ir por mí mismo. Abre esta puerta que parece imposible. Sáname de esta enfermedad que parece permanente. Cambia a mi hijo».

Fortalezas derribadas

Conozco a una señora cuyo hijo estuvo en mal camino por más de diez años. Consumía drogas, le había robado su tarjeta de crédito y se metió en todo tipo de deudas. Constantemente entraba y salía de la cárcel, causando a su madre sufrimiento y dolor. La mayoría de las personas habrían hecho una oración ordinaria como esta: «Dios, haz que deje las drogas y ayúdalo a mantenerse fuera de la cárcel». No hay nada de malo en esa oración, pero esta señora se atrevió a orar audazmente. Dijo: «Dios, te pido que no solo endereces la vida de mi hijo sino que también lo uses para ser un líder, para marcar una diferencia con su vida». Todas las circunstancias decían que eso nunca sucedería. No había ninguna señal de que él estuviera mejorando.

Un domingo en la mañana mientras ese joven estaba en la cárcel, los presos estaban viendo nuestro programa de televisión. Él no había planeado ver la emisión, pero cuando me oyó hablar de que Dios tiene un plan para tu vida y que nada que hayas hecho tiene que alejarte de tu destino, algo se avivó en su interior. Fortalezas en su mente fueron derribadas. Unas semanas después, pudo asistir a nuestro servicio en Lakewood, se puso de pie y entregó su vida a Cristo. Lo conocí después en el vestíbulo. Aunque tenía un aspecto muy duro, con tatuajes, piercings y una barba muy larga, corrían lágrimas por sus mejillas. Dijo que su madre había estado orando por él durante años, y que ahora sentía un amor y una sensación de propósito que nunca antes había sentido. En la actualidad, es el pastor de una iglesia y está ayudando a otras personas que atraviesan lo que él mismo atravesó. Su madre está muy emocionada y muy agradecida con Dios. Sin embargo, me pregunto dónde estaría su hijo si ella hubiera hecho una

> Me pregunto dónde estaría su hijo si ella hubiera hecho una oración débil y para salir del paso.

oración débil y para salir del paso. «Dios, tan solo no permitas que sea dañado». Tal vez él no sería libre y estaría marcando una diferencia. Haz oraciones audaces por tus hijos, por tus finanzas, por tus sueños. Yo oro cada día: «Dios, lleva nuestro ministerio hasta donde ningún otro ministerio ha llegado nunca». Puede que digas: «Joel, ¿no es eso un poco egoísta, un poco arrogante, un poco codicioso?». No, eso es liberar tu fe. Eso es lo que te llevará a la plenitud de tu destino. Hemos visto a Dios abrir puertas que nunca se han abierto para otros ministerios. Redes televisivas que tienen una política no religiosa, que nunca han emitido programación inspiracional, ahora emiten nuestro programa cada semana. Quebrantan sus propias reglas para tenernos a nosotros. Eso es lo que sucede cuando oramos audazmente. Yo oro cada día: «Dios, que mis hijos avancen más lejos de lo que yo he avanzado, que superen cualquier cosa que yo haya hecho. Que impacten la cultura de una manera más grande». No permitas que esa oración quede sin responder porque nunca la hiciste por tus hijos, porque nunca pediste a Dios que hiciera lo inusual, lo poco común.

Abre bien tu boca

En Salmos 81 Dios dice: «Abre bien tu boca, y yo la llenaré de cosas buenas». El principio es que Dios llenará tu boca hasta el límite que esté abierta. Si abres bien tu boca, si estás haciendo oraciones audaces pidiéndole que haga cosas que parecen imposibles, verás a Dios mostrándose en tu vida. Sin embargo, si tu boca apenas está abierta, si solo le pides a Dios que supla tus necesidades, si solo crees para poder atravesar el día y te contentas con conformarte donde estás, entonces verás su bondad de un modo limitado. Lo que quiero decir es que no

> **Abre bien tu boca, pide a Dios tus sueños.**

descartes las cosas pequeñas que Dios hace. Yo le doy gracias porque me despierta en la mañana y me da aliento para respirar. Estoy agradecido porque Él suple mis necesidades, pero digo que no debemos detenernos ahí. Abre bien tu boca, pide a Dios tus sueños, pídele que te dé ese negocio, pídele que construya el hogar de esos niños, pídele que te libere de esa enfermedad. Esa es una ocasión en la que es bueno abrir bien la boca. Es bueno pedir cosas que parecen improbables. Dios las llama oraciones saludables.

Una joven se acercó durante uno de los servicios de nuestra iglesia y pidió si yo querría orar para que ella pudiera aprobar su examen final de matemáticas. Eso me pareció extraño. Le pregunté: «¿Por qué orar por aprobar y no por una buena calificación?». Ella dijo: «No soy buena en matemáticas, y nunca tuve buena nota. Tan solo quiero aprobar». Yo no se lo dije, pero quería decirle: «Esa es una oración enfermiza. Esa oración tiene un resfriado. Esa oración está deprimida». Me pregunto qué oraciones no están siendo respondidas en tu caso no porque Dios no quiera responder o porque sea demasiado difícil, sino porque nunca lo pediste. Nunca tuviste la audacia para abrir bien tu boca y pedir lo que realmente quieres en lugar de lo que pensaste que ocurriría.

Si eres soltero o soltera, no pienses que es una señal de humildad pedir tan solo conocer a alguien. «Dios, no tiene que ser atractivo, ni tener un buen empleo o ser talentoso. Tan solo quiero alguien que respire». Será mejor que canceles esa oración ahora mismo. Tu siguiente oración será esta: «Dios, sácalo de mi vida». Si Dios respondiera aquello que estás pidiendo, ¿es eso lo que *realmente* quieres? Tal vez Dios tiene a alguien extraordinario en camino para ti, alguien mejor de lo que podrías imaginar, pero Dios le dice al ángel: «Frena a esa persona extraordinaria que estaba a punto de enviar. Envía a esa persona

> Si Dios respondiera aquello que estás pidiendo, ¿es eso lo que realmente quieres?

que se contenta con ser mediocre. Se conforma con eso». Ahora bien, entiendo que no es así como Dios actúa, pero tienes que pedirle a Dios lo que realmente quieres, no una versión diluida, no una oración que expresa: «No merezco mucho. Solo salir del paso». Pídele a alguien extraordinario, alguien alto, bien parecido, inteligente, divertido y talentoso. Eso es lo que hizo Victoria, y Dios respondió su oración.

Mi pregunta es: ¿cuán abierta está tu boca? ¿Estás pidiendo a Dios que haga lo ordinario, que te ayude a salir adelante, que tan solo supla tus necesidades? Dios está diciendo: «Abre más tu boca y observa lo que yo haré». Le dije a aquella joven que no quería orar para que aprobara, sino que iba a orar por una buena calificación. Entonces abrió mucho sus ojos. Le dije: «Fuiste creada para sobresalir. Tienes talento en ti que no has aprovechado. Deja de decirte a ti misma que solamente puedes aprobar, y comienza a darle gracias a Dios porque obtendrás una buena calificación». Se fue a su casa con una nueva perspectiva. Comenzó a abrir más su boca. Estudió, se preparó, y aproximadamente un mes después regresó y dijo que, por primera vez, había sacado un sobresaliente en matemáticas. Incluso su maestro le dijo: «Realmente me sorprendiste». Eso nunca habría sucedido si ella no hubiera tenido la audacia para pedir lo que realmente quería.

Si sales de la rutina y comienzas a orar audazmente, comenzarás a tener algunas de esas primeras veces. Por primera vez no batallas para salir adelante; tienes de sobra. Por primera vez no estás peleando contra la adicción; eres totalmente libre. Por primera vez hay alguien extraordinario en tu vida a quien amar. Por primera vez estás viviendo tu sueño, haciendo más de lo que nunca imaginaste. Ahora haz tu parte. Deja de pedir un aprobado y comienza a pedir un sobresaliente. No estás incomodando a Dios al pedir en grande. No es que otra

> Si sales de la rutina y comienzas a orar audazmente, comenzarás a tener algunas de esas primeras veces.

persona será dejada fuera si Él hace lo que tú quieres. No estás siendo codicioso o egoísta. No, Dios tiene favor ilimitado y poder ilimitado. Que sea bueno contigo no evita que también sea bueno con otra persona. La Escritura dice: «Al Padre le ha agradado darles el reino». Tal vez, Él está esperando a que tú pidas.

> «Al Padre le ha agradado darles el reino». Tal vez, Él está esperando a que tú pidas.

«Bendíceme en verdad»

En 1 Crónicas 4 leemos una genealogía familiar que enumera a algunas de las personas de Judá. Es una persona que descendió de otra, cuarenta y cuatro nombre uno tras otro. Al leerlos se hace un poco aburrido. Entonces, al llegar al nombre cuarenta y cinco, en lugar de tan solo mencionarlo y seguir adelante a los más de cien nombres siguientes, el escritor hace una pausa y da una breve descripción. Es como si dijera que este hombre siguiente hizo algo importante. No solo vivió y murió y su nombre está incluido en la genealogía familiar, sino que destacó. Hizo algo por lo que vale la pena pausar. Dejó su huella. Dice: «Hubo un hombre llamado Jabes que fue más ilustre que sus hermanos, al cual su madre le puso ese nombre porque lo dio a luz con dolor». Jabes destacó porque honró a Dios en gran manera. Vivió una vida de excelencia e integridad, pero ese no fue el único motivo.

El nombre de Jabes significa «tristeza, dolor, problemas». En aquella época, se ponían los nombres como si fueran profecías. Predecían lo que sucedería. El nombre de Josué significa «salvador». Cada vez que alguien decía: «Hola, Josué», su corazón seguro que se llenaba de valentía. Él condujo a los israelitas a la Tierra Prometida. El nombre de Jacob significa «engañador». Él vivió una vida engañando a personas, tal como significaba su nombre. Piensa en cómo debía sentirse Jabes. Su madre declaró sobre él que su vida estaría llena de sufrimiento, dolor y problemas. Cada vez que alguien decía: «Hola, Jabes», le recordaban que estaba en desventaja, que había tenido malas rachas, un comienzo complicado. Uno pensaría que, si el nombre de alguien sería mencionado en la genealogía sin decir nada más, sería el de Jabes.

Sin embargo, contra todo pronóstico, Jabes, a pesar de lo que su madre había profetizado sobre él, hizo una oración que cambió el rumbo de su vida. Dijo: «Dios, te pido que me bendigas en verdad». Una cosa es que solo hubiera pedido a Dios que lo bendijera, pero cuando dijo «en verdad» estaba diciendo: «Dios, bendíceme en abundancia, bendíceme hasta rebosar, bendíceme con tanto favor que pueda dejar mi huella». He leído que decir «en verdad» era como añadir cinco signos de exclamación. Él estaba diciendo: «Dios, haz algo extraordinario, poco común, inusual. Contra todo pronóstico, en cierto modo Jabes tuvo la osadía de abrir bien su boca. Siguió diciendo: «y ensancha mi territorio, amplía mis

> **Decir «en verdad» era como añadir cinco signos de exclamación.**

fronteras». Piensa en la valentía que eso requirió. Todas las circunstancias decían que estaba limitado. Si él hubiera aceptado eso, habría sido simplemente un nombre más en la lista; pero la Escritura dice entonces: «Y Dios le concedió lo que pidió».

Jabes no levantó su vara y se separaron las aguas del Mar Rojo, como hizo Moisés. No mató a un gigante, como hizo David. No salvó a los israelitas, como hizo Ester. Él no tiene capítulos de la Biblia dedicados a relatar su historia. Sin embargo, como hizo una oración audaz, como dijo: «Dios, bendíceme de verdad», Dios pausó el relato y dijo: «Un momento. No pasemos por alto a este hombre.

No enumeremos su nombre y sigamos adelante. Necesito decir algo acerca de él. Él fue inusual. No permitió que las circunstancias determinaran su destino. No se conformó con el *statu quo*. Se atrevió a pedirme lo poco común».

Haz lo que hizo Jabes y di: «Dios, bendíceme en verdad. No una bendición pequeña, no solo lo suficiente para seguir adelante y suplir mis necesidades, sino bendíceme con abundancia, bendíceme con más que suficiente, llévame donde yo no puedo ir por mí mismo». Entonces, en los próximos años, cuando alguien esté leyendo tu genealogía familiar no serás tan solo un nombre más en la lista. Tendrán que hacer una pausa y decir: «¡Vaya! Marcó una diferencia. Dejó a nuestra familia mejor de lo que era, fijó nuevos estándares y nos llevó a un nuevo nivel». No se supone que vivas y mueras y nadie recuerde que estuviste aquí. La manera principal para dejar tu huella es vivir honorablemente delante de Dios, mantenerte en el camino elevado, no ceder a la tentación ni hacer concesiones. La manera número dos es atreverte a decir: «Dios, bendíceme en verdad». Ten una gran visión y cree lo que parece imposible. No quedes limitado por tu crianza, lo que fue transmitido en tu familia, o cuán improbables parecen tus sueños.

Estoy seguro de que las personas que están enumeradas antes y después de Jabes en esta genealogía eran buenas personas y lograron cosas. Algunos seguro que oraban, seguro que le pidieron cosas a Dios, pero no se menciona nada sobre ellos. Es significativo que Dios hizo una pausa para decirnos lo que dijo Jabes: «Dios, bendíceme en verdad». Me pregunto qué sucedería si comenzáramos cada día orando: «Dios, bendíceme en verdad. Ensancha mis

> Me pregunto qué sucedería si comenzáramos cada día orando: «Dios, bendíceme en verdad. Ensancha mis territorios, dame más influencia, más recursos, más oportunidad».

territorios, dame más influencia, más recursos, más oportunidad».
No lo hagas solo una vez al mes; cuando despiertes cada mañana,
di: «Señor, bendíceme en verdad hoy». En la oficina, di susurrando:
Dios, bendíceme en verdad». Antes de irte a la cama, concluye el día
diciendo: «Padre, gracias por bendecirme en verdad».

Una doble porción

Dios quiere que conectes con su favor, que veas la sobreabundante
grandeza de su poder. Eso requiere oraciones audaces. Eso requiere
personas que quiten los límites a Dios, personas que no serán movidas
por cuán imposibles parecen sus sueños. Tal vez has estado orando
para que Dios te bendiga. Eso es bueno, pero te pido que incluyas el
«en verdad». «Dios, bendíceme de maneras inusuales. Haz algo poco
común, fuera de lo ordinario. Muéstrame algo que nunca haya visto.
Te pido un favor sin precedente».

En la Escritura, Eliseo sirvió al profeta Elías por muchos años.
Fue fiel en ocuparse de Elías e ir donde él iba. Cuando Elías estaba a
punto de ser tomado al cielo, le preguntó a Eliseo qué quería. Podrías
pensar que Eliseo pediría algo ordinario. Podría haber pedido la vara
de Elías, que le diera una ofrenda económica, o un fondo de jubilación. Sin embargo, Eliseo entendía este principio de hacer oraciones
audaces. Dijo: «Elías, quiero una doble porción de tu espíritu». Estaba
diciendo: «Quiero hacer el doble de milagros que tú. Quiero tener el
doble de unción, el doble de favor, el doble de influencia, el doble de
los recursos». Le estaba pidiendo a Dios que lo bendijera en verdad.
Elías podría haber respondido: «Tienes mucha valentía. Sin duda eres
codicioso. Tienes que pensarlo mejor y pedir algo más común, más
ordinario». No, a Elías le gustó su audacia. Dijo, en efecto: «Sigue
sirviéndome y tendrás exactamente lo que pediste».

No mucho tiempo después de eso, Elías fue envuelto en un torbellino y llevado al cielo. Tal como Dios prometió, Eliseo recibió una doble porción de su espíritu. Hizo el doble de

> **No te quedes atascado porque no estás pidiendo.**

milagros que Elías. Eso no habría sucedido si él no hubiera dicho: «Dios, bendíceme en verdad». El «en verdad» es cumplir tu destino. El «en verdad» es ir a lugares donde por ti mismo no puedes ir. Quizá te va bien donde estás. Dios te ha bendecido. Eso es estupendo, pero no es tu destino final. Dios tiene cosas más grandes, mayores oportunidades y más influencia. No te quedes atascado porque no estás pidiendo.

La Biblia dice: «Elías era humano como nosotros, pero cuando oró que no lloviera, no llovió por tres años y medio». En ocasiones pensamos en las personas en la Biblia como si fueran súper humanas. Creemos que tenían mucha más fe que nosotros, y Dios debió haberlos favorecido porque eran muy especiales; sin embargo, esta escritura comienza diciendo: «Elías era humano». Sin duda, sabemos que era humano. No era un extraterrestre. Dios dijo eso para hacernos saber que Elías era una persona común y corriente como tú y yo, que estaba lleno con el Espíritu del Altísimo. No necesariamente se sentía especial. No iba caminando con un aura sobrenatural que le rodeaba. El motivo por el que hablamos sobre Elías es que se atrevió a hacer oraciones audaces. Se atrevió a pedir lo imposible. Eso es lo que le hizo destacar. «Bueno, Joel, yo no soy ministro. No estoy en liderazgo. No tengo mucha influencia». Estás justamente donde estaba Elías. Deja de subestimarte. Deja de pensar que no puedes orar por algo grande, que no tienes la fe, que no provienes de la familia adecuada. El requisito es este: ¿eres humano? Como lo eres, Dios dice que puedes pedir cosas que parecen imposibles.

Ahora, comienza a abrir bien tu boca, y Dios la llenará. Di cada día: «Señor, bendíceme en verdad». No solo ores diciendo «bendíceme»;

añádele el «en verdad». Ponle el signo de exclamación. Eso es como decir: «Dios, bendíceme con abundancia, dame hasta rebosar, y muéstrate en mi vida». Si haces eso, creo y declaro que, igual que Dios hizo con Jabes, está a punto de ensanchar tus territorios. Está a punto de bendecirte en verdad con favor inusual, con oportunidades poco comunes, con un futuro que nunca imaginaste.

CAPÍTULO TRES

Provisión sobrenatural

Nuestro Dios no está limitado por lo que no tienes, y sabe exactamente lo que necesitas, cuándo lo necesitas y cómo hacértelo llegar.

Cuando miramos nuestras circunstancias, a veces no vemos cómo podemos avanzar. ¿Cómo podemos alcanzar nuestros sueños? ¿Cómo podemos ser dueños y no solo rentar? ¿Cómo podemos dejar una herencia a nuestros nietos como dice la Escritura? En lo natural, con la inflación, el precio de la gasolina y los alimentos que cada vez sube más, puede que no veamos una salida, pero Dios es un Dios sobrenatural. Cuando llegamos al final de nuestros recursos, Él interviene y dice: «Yo haré corrientes en el desierto. Tomaré cinco panes y dos peces y los multiplicaré para alimentar a miles». Cuando Pedro no tenía dinero para pagar sus impuestos, Jesús le dijo que fuera al lago y el primer pez que pescara tendría en su boca una moneda de plata, suficiente para pagar sus impuestos y también los de Jesús. Dios nos estaba mostrando que Él tiene provisión sobrenatural. Él no está limitado por lo que no tienes. No está limitado por cómo te criaron o por la familia de la que provienes. Puede que haya carencia, lucha, y apenas si sales adelante. Así ha sido, pero has sido criado para romper ese ciclo negativo. Tú eres quien saldrá del no tener suficiente hacia el más que suficiente. Dios no es un Dios de apenas salir adelante. Él es un Dios de abundancia. No vivas con una mentalidad de carencia, una mentalidad limitada y que piensa que no hay suficiente. Ten una mentalidad de abundancia. «Prestaré y no tomaré prestado. Mi copa está rebosando. Como honro a Dios, vivo bajo las ventanas abiertas del cielo, con bendiciones que no puedo contener».

> Tienes que prosperar en tu mente antes de prosperar en tus circunstancias.

Tienes que prosperar en tu mente antes de prosperar en tus circunstancias. Tienes que darle permiso a Dios para bendecirte. ¿Estás de acuerdo con lo que Él quiere hacer, o piensas que estás atascado? *Nunca he visto precios tan altos. No veo cómo podré salir de este barrio. El mercado de valores me tiene preocupado.* Estás mirando todo en lo natural. Tienes que comprender que Dios es sobrenatural. La buena noticia es que Él no tiene un mal año. No se rasca la cabeza pensando: *No vi llegar la inflación. Qué mal que los precios de la vivienda no dejen de subir. Muchos negocios no saldrán adelante.* No, Dios es dueño de todo. Él hace calles de oro. Estás conectado a una línea de suministro que nunca se agotará. Puede que la economía sube o baje, pero eso no es tu fuente; Dios es tu fuente. Estamos agradecidos por nuestros empleos, agradecidos por tener trabajo y un buen jefe; sin embargo, Dios no depende de esas cosas o personas. Él tiene provisión en tu futuro que está por encima de tu salario normal, por encima de tu formación, por encima de tu experiencia. Él no mira lo que mira la gente: las calificaciones y los talentos de las personas. Él mira tu corazón. Él ve cuán fiel eres, que siempre lo pones a Él primero, que tienes un deseo de ayudar a los demás y edificar el reino. Él ve que tienes un sueño que lograr que parece no estar a tu alcance, y oye la audacia en tus oraciones. Es entonces cuando Dios intervendrá y te mostrará provisión sobrenatural. Él abrirá puertas que nunca soñaste que se abrirían. Él te dará ingresos, recursos y contratos que te impulsarán más allá de lo que nunca imaginaste.

«Joel, eso suena bien, pero mi jefe no me da ningún mérito. Mis facturas llegan más rápido que mis ingresos. Doy un paso adelante y después dos pasos atrás. No creo que tendré nunca abundancia». Déjame darte una clave: Si tienes una boca mediocre y pobre, tendrás una vida mediocre y pobre. Dios quiere mostrarte aumento sobrenatural, pero tú puedes cancelarlo con una lengua negativa. Tus palabras pueden declarar muerte o pueden declarar vida. Puedes declarar carencia o puedes declarar abundancia. Puedes declarar escasez o puedes declarar más que suficiente. El Salmo 35 dice: «y digan siempre: Exaltado sea el Señor, quien se deleita en la prosperidad de sus hijos». Se suponía que debían decir continuamente: «Dios se deleita en prosperarme». Dios sabía que, si comenzaban a hablar negativamente, declarando carencia y escasez, tendrían una mentalidad limitada. Nunca verían la bendición, el favor o la abundancia que Él tenía preparados. Cuando seas tentado a hablar de lo que no tienes o que no puedes lograr tu sueño, voltéalo y di: «Padre, gracias por prosperarme. Puede que no vea cómo, pero sé que tú tienes provisión sobrenatural y aumento sobrenatural. Tú no estás limitado por lo que me limita a mí».

> Si tienes una boca mediocre y pobre, tendrás una vida mediocre y pobre. Dios quiere mostrarte aumento sobrenatural, pero tú puedes cancelarlo con una lengua negativa.

Pon a Dios primero

En Lucas 5, Jesús estaba en el Mar de Galilea. Había tantas personas reunidas allí para su enseñanza que le preguntó a Pedro si podía tomar prestada su barca de pesca. Pedro estuvo de acuerdo y la alejó un

> **Él sabe dónde está tu provisión, y sabe cómo hacer que llegue a ti.**

poco de la orilla. Cuando Jesús terminó de enseñar, le dijo a Pedro que echara las redes en aguas profundas y obtendría una gran pesca de peces. Pedro había pescado toda la noche sin haber conseguido nada. Era pescador profesional y sabía cuándo y dónde pescar, y Jesús era un maestro, un rabino. Estoy seguro de que Pedro pensó: *¿Quién es este hombre que me dice cómo pescar? Debería limitarse a la enseñanza, y yo me limitaré a la pesca.* Dijo, en efecto: «Jesús, esto no tiene sentido para mí; sin embargo, voy a hacerlo en tu palabra». Echó sus redes y la pesca fue tan abundante que las redes comenzaban a romperse. Tuvo que llamar a sus compañeros en otra barca para pedir ayuda, y las dos barcas estaban tan cargadas de peces que estuvieron a punto de hundirse. Lo interesante es que no había peces unas horas antes, pero Dios controla a los peces. Él sabe dónde está tu provisión, y sabe cómo hacer que llegue a ti. Puede que no tenga sentido, no sea lógico, o no sea lo que esperabas. A Dios le gusta hacer cosas fuera de lo ordinario y de lo común, para que así sepas que eso viene de su mano.

Pedro permitió a Jesús tomar prestada su barca. Ese era su negocio, su fuente de ingresos. Podría haber dicho: «Jesús, estoy ocupado, estoy muy cansado. No te conozco. Encuentra otra barca». Sin embargo, entregó su recurso a Jesús. Fue generoso. Aquello fue un símbolo de poner a Dios en primer lugar. Proverbios dice: «Honra al Señor con todos tus ingresos y las primicias de todas tus cosechas. Entonces Él llenará tus graneros de abundancia y tus lagares rebosarán».

> **Cuando permites que Dios use tu barca, Él hará que los peces te encuentren.**

Si quieres ver provisión sobrenatural, tienes que ser un dador. Honra a Dios con tus primicias: la primera parte de tus ingresos. Invítalo a Él a tu negocio. Si trabajas cuarenta horas por semana, entrégale tus primicias.

«Dios, puedes usar mi barca estas cuatro primeras horas. Te entrego a ti este ingreso». Cuando permites que Dios use tu barca, te estás preparando para la abundancia. Nosotros pensamos lo contrario. *Si doy, entonces tendré menos.* No, eso es una semilla que estás sembrando. No puedes darle algo a Dios sin que Él te dé mucho más a cambio. Pedro era el dueño de la barca, pero Dios es el dueño del mar. Él controla el universo. Cuando permites que Dios use tu barca, Él hará que los peces te encuentren. Causará que contratos, oportunidades y buenas rachas te persigan. La Escritura dice: «dad y se os dará, pero no en la misma medida sino medida buena, abundante y rebosante». Así es nuestro Dios. Es un Dios que rompe redes.

Es significativo que, cuando Pedro permitió a Jesús usar su barca, había estado pescando toda la noche sin conseguir nada. Su mentalidad era carencia, escasez, no tener suficiente.

> **Dios tiene algunas bendiciones que rompen redes en tu futuro.**

Jesús estaba a punto de escoger a Pedro para ser su primer discípulo. Podría haberle dado las gracias a Pedro por permitirle usar la barca y haber dicho: «Quiero que seas mi discípulo». Sin embargo, Jesús no quería que tuviera una mentalidad limitada relacionada con Él, y por eso le dijo que regresara a aguas profundas, y obtuvo tantos peces que sus redes comenzaron a romperse. Cuando Pedro regresó a la orilla, Jesús dijo: «Pedro, de ahora en adelante serás pescador de hombres». Ahora, la mentalidad de Pedro era de abundancia, rebose, más que suficiente. Esa es la mentalidad que Jesús quería que tuviera: no un pescador de hombres que apenas sale adelante, nunca pesca nada, y no puede alcanzar su sueño. No, tenemos que tener una mentalidad diferente. Tal vez tengas temporadas en las que no pescas nada, pero ese no es tu destino. La abundancia está en camino. Dios tiene algunas bendiciones que rompen redes en tu futuro. Tú no podrías hacer que suceda. Estuviste pescando toda la noche y no obtuviste nada. Hiciste tu mejor esfuerzo, trabajaste duro y honraste a Dios, pero saliste con las manos vacías. Tu momento está llegando. Dios está dirigiendo a esos peces ahora mismo. Esta alineando bendición sobrenatural. Traerá a tu camino algo que nunca antes viste, bendiciones que hacen que la barca se hunda, aumento que no solo te afecta a ti sino que rebosa hasta tus hijos y tus nietos. Vas a tener que llamar a otras barcas para que tomen lo que rebosa. David dice: «Mi copa está rebosando». Dios te bendecirá hasta donde futuras generaciones obtendrán lo que rebosa. Tu genealogía será bendecida porque honraste a Dios y tuviste una mentalidad de abundancia. Dios te confió bendiciones que rompen redes.

Bendiciones que rompen redes

Conversé con una mujer que trabaja a tiempo parcial en el sector de los bienes raíces comerciales. Su enfoque principal está en la crianza de sus hijos. También se ofrece voluntaria fielmente en su iglesia. Un amigo de ella, que es un hombre de negocios enérgico, quería vender una propiedad de grandes dimensiones que limitaba con una autopista. Podría haber llamado a su abogado para venderla o haber contratado a una empresa de bienes raíces; en cambio, llamó a esta mujer y trabajó con ella. Tenía prisa por vender, y la propiedad estaba en el mercado un año tras otro. Ella seguía aumentando el precio, desde varios millones de dólares hasta doce millones y después hasta veinte millones. La gente le decía que la propiedad nunca se vendería por ese precio tan alto, que ella estaba desperdiciando su tiempo. No hace mucho, una gran empresa global quiso adquirir la propiedad. Ella pensó que su amigo querría que su equipo legal dirigiera las negociaciones, pero él dijo: «No, tú estás a cargo».

Aunque ella no tenía destreza a la hora de negociar grandes

contratos, dijo: «Cuando entré en la reunión, sentí audacia y confianza. Sabía que el favor de Dios estaba sobre mi vida». Se mantuvo firme, y no rebajó el precio que quería por esa propiedad.

> **Dios sabe cómo traer los peces. Tú haz tu parte y deja que Él entre en tu barca.**

Dos días después le dijeron: «Sabemos que el valor de la propiedad no es tan alto, pero sentimos que es lo correcto. Vamos a comprarla». La comisión de esa sola operación rebosará sobre sus hijos y sus nietos. Ella dijo: «Joel, nunca soñé que Dios me bendeciría de tal modo». Dios tiene algunas de esas bendiciones que rompen redes para ti. Él tiene provisión sobrenatural y aumento sobrenatural. Él no está limitado por tu educación, tu experiencia, a quién conoces o cómo te criaron. Dios sabe cómo traer los peces. Tú haz tu parte y deja que Él entre en tu barca. Hónralo a Él con tus ingresos, y te bendecirá de maneras que nunca imaginaste.

Cuando Pedro vio cuántos peces había en sus redes, la Escritura dice que quedó asombrado ante el tamaño de su pesca. Dios hará algunas cosas que te dejarán asombrado. Pensaste que estarías pagando tu casa durante treinta años, y entonces repentinamente llega una bendición que rompe redes (un contrato, una buena racha, una herencia), y tienes abundancia. Pensaste que siempre estarías atascado en ese barrio o entorno, y de repente se abrió una puerta, un ascenso para el que no eras el siguiente en la línea. Los peces salieron a buscarte. «Bueno, Joel, esto es alentador pero no veo cómo puede suceder». No tienes que ver cómo. Déjale eso a Dios. Solamente cree que sucederá. No podemos ver el cómo porque estamos en lo natural, pero Dios es sobrenatural. Nosotros estamos limitados, pero Dios es ilimitado. Si te quedas atascado en el cómo, te convencerás a ti mismo para no recibir. Tu mente encontrará mil razones por las que no va a suceder. Los caminos de Dios no son nuestros caminos. Él tiene caminos que tú nunca pensaste.

Agua de una roca

Cuando Dios liberó a los dos millones de israelitas de la esclavitud en Egipto y separó las aguas del Mar Rojo, el pueblo estaba en el desierto dirigiéndose a la Tierra Prometida. Allí no había supermercados, comida rápida ni agua. Ellos comenzaron a quejarse: «Moisés, ¿por qué nos trajiste hasta aquí para morir de sed y de hambre?». Dios no hizo todas esas cosas para sacarlos de la esclavitud, para liberarlos del faraón, y después dejar que murieran de hambre. Dios permitirá situaciones que parecen imposibles para poder mostrarnos su provisión sobrenatural. No te sorprendas si enfrentas ocasiones en las que todos los hechos dicen: «No hay manera. Tus recursos son limitados. Pescaste toda la noche sin obtener nada». No, Dios hará algo. Él no te trajo tan lejos para abandonarte.

Dios le dijo a Moisés que tomara su vara y golpeara una roca en el desierto. Cuando él lo hizo, comenzó a salir agua de la roca. Provisión sobrenatural. Dios puede hacer que sucedan cosas que desafían las probabilidades, cosas que tú no podrías planear. Tienes que confiar en Él. Todo en tu mente te dirá: *Nunca tendrás abundancia. Siempre tendrás sed. Siempre batallarás, tendrás deuda, no tendrás suficiente.*

> El mismo Dios que sacó agua de una roca puede causar que el ascenso llegue a ti, que las personas adecuadas te sigan, y que la abundancia llegue llamando a tu puerta.

Lógicamente hablando, puede que eso sea verdad; sin embargo, Dios desafiará a la lógica. Él sabe cómo sacar agua de una roca. La Escritura dice: «Él abre corrientes en lugares estériles, ríos en el desierto». Tal vez haya lugares estériles en tu vida. Tú no ves cómo eso podría cambiar. No, prepárate. Dios está a punto de golpear la roca. Verás provisión que no puedes explicar, buenas rachas que no tienen sentido, un aumento que no es lógico. El mismo Dios que sacó agua de una roca puede causar que el ascenso llegue a ti, que las personas adecuadas te sigan, y que la abundancia llegue llamando a tu puerta.

Si pudiéramos hacer eso en nuestras propias fuerzas, no necesitaríamos a Dios. Él pondrá sueños en tu corazón que tú mismo no podrás alcanzar. No tienes los recursos, los fondos o las conexiones. Es fácil desalentarse y permitir que lo que vemos en lo natural nos convenza de lo contrario. Es ahí donde tienes que avivar tu fe y hacer una oración audaz: «Dios, creo que tú tienes provisión sobrenatural. Creo que tienes bendiciones que rompen redes, que todavía puedes seguir sacando agua de una roca».

Hay carneros en tu futuro

Conozco a una pareja que estuvo creyendo para tener hijos por mucho tiempo pero sin ningún éxito. Tras mucha oración y tratamientos de fertilidad, ella quedó embarazada de trillizos. Estaban muy emocionados, pero durante el embarazo hubo complicaciones. Los bebés nacieron prematuros, pesando un kilo cada uno. Tuvieron que permanecer en una unidad de cuidados intensivos neonatales por seis meses. Por la gracia de Dios, los bebés crecieron y en la actualidad están perfectamente sanos. Los padres tenían seguro, pero no lo cubría todo. Unos meses después de llevar a sus hijos a su hogar recibieron una factura de dos millones de dólares. El papá era

> Si quieres ver las bendiciones de Dios, tienes que tener esta mentalidad de abundancia. Tienes que saber que Él es Jehová-jiré: el Señor tu proveedor.

oficial de policía, y la mamá era educadora. En lo natural, estarían pagando esa factura durante el resto de sus vidas. Siempre tendrían deuda; sin embargo, Dios sabe cómo sacar agua de una roca. Él sabe cómo hacer que los peces nos encuentren. Ellos no comenzaron a quejarse ni tampoco se desalentaron. Siguieron dando gracias a Dios por provisión sobrenatural y declarando lo que Él prometió: «Prestaremos y no tomaremos prestado. Padre, gracias porque nuestra copa rebosa, porque tenemos más que suficiente, porque te deleitas en prosperarnos». Si quieres ver las bendiciones de Dios, tienes que tener esta mentalidad de abundancia. Tienes que saber que Él es Jehová-jiré: el Señor tu proveedor.

El nombre de «Jehová-jiré» viene de Génesis 22, cuando Abraham estaba a punto de sacrificar a su hijo Isaac sobre el Monte Moriah como prueba de su obediencia a Dios. Justamente antes de hacerlo, un ángel le dijo que se detuviera; sin embargo, Abraham seguía necesitando un animal para sacrificarlo. Oyó ruido entre los arbustos y vio un carnero que estaba atrapado en los matorrales, y ese fue el sacrificio. «Abraham llamó el nombre de aquel lugar Jehová-jiré, el Señor proveerá». Lo interesante es que los carneros normalmente no se encuentran a esa altura en las montañas, pero Dios sabe cómo hacernos llegar la provisión. El carnero estaba esperando a Abraham. Subió por la montaña antes de que Abraham supiera que lo necesitaba; ya estaba en ruta. Dios tiene algunos carneros esperándote. Él ya ha alineado tu provisión, tu abundancia. Antes de que sufrieras el revés, Él colocó el carnero en su lugar. Tal vez te criaste en una familia donde había carencia y lucha. No te preocupes. Hay carneros en tu futuro. Puede parecer que estás atascado. No tienes los fondos para tu sueño. ¿Cómo puedes ampliar tu negocio? Mantén el ánimo. Un carnero te estará esperando. Jehová-jiré, el Señor tu proveedor, ya ha puesto en tu camino abundancia, buenas rachas y provisión sobrenatural.

Por eso podemos mantener la paz. Él es el Señor nuestro proveedor. Nuestro empleo no es nuestro proveedor, nuestro jefe no es nuestro proveedor, y nuestro salario no es nuestro proveedor. Nuestro proveedor es el Dios que dio existencia a mundos con sus palabras, el Dios que hace calles de oro, el Dios que hace que aparezcan peces, el Dios que saca agua de una roca. Él es el Dios que coloca un carnero entre un matorral, el Dios que dice que prestarás y no tomarás prestado, el Dios que dice que tu copa rebosará. Él es quien está ordenando tus pasos. Él es quien ha planeado tu futuro. Puede que lo conozcas como tu Salvador. Eso es lo más importante. Puedes conocerlo como tu sanador. Eso es bueno. Pero necesitas conocerlo también como tu proveedor. Él tiene provisión sobrenatural.

> **Nuestro empleo no es nuestro proveedor, nuestro jefe no es nuestro proveedor, y nuestro salario no es nuestro proveedor. Nuestro proveedor es el Dios que dio existencia a mundos con sus palabras.**

La pareja que tiene trillizos no veía cómo podrían seguir adelante, pero se mantuvieron en fe creyendo que Dios abriría un camino. Justamente antes de Navidad ese año, el hospital llamó y dijo: «Nunca hemos hecho esto, pero hemos decidido cancelar su deuda de dos millones de dólares». Como Pedro, ellos quedaron asombrados. No lo vieron llegar. Como en el caso de Abraham, fue un carnero que les estaba esperando. Tú no sabes lo que Dios tiene preparado para ti. Está oculto en este momento, y todavía no puedes verlo; sin embargo, en el momento apropiado aparecerá. No será común y corriente, algo que estabas esperando. Te dejará totalmente asombrado. Serán bendiciones que rompen redes, abundancia que se desborda hacia tus hijos, aumento que te lleva de tener suficiente a tener más que suficiente.

Cuando honras a Dios

En 2013, una mamá joven (que es enfermera titulada) y su esposo iban a tener otro hijo. Desgraciadamente, el bebé varón nació sin las funciones cerebrales apropiadas. Seis meses después, falleció. La mamá del bebé estaba tan desconsolada, tan vacía, que tenía la sensación de no tener ningún propósito. No asistía a la iglesia de pequeña y no tenía un trasfondo de fe, pero en ese periodo tan oscuro descubrió que el eslabón perdido era tener una conexión con Dios. Decidió llegar a conocer a Dios a nivel personal, se involucró en una buena iglesia, comenzó a ofrecerse voluntaria, y las cosas comenzaron a cambiar. Para intentar distraerse del dolor de la pérdida, comenzó a volver a probar productos para el cabello para mujeres afroamericanas, experimentando con cosas diferentes que a ella le iban bien. Puso en Instagram sus descubrimientos y compartió consejos sobre el cuidado del cabello y maneras de peinarlo. Pensó que algún día podría abrir un salón de peluquería. Para su sorpresa, su Instagram fue todo un éxito. Había tanto interés en sus productos para el cabello que decidió comenzar a venderlos en el internet.

Comenzó en su cocina, y el negocio no dejó de crecer. Se mudaron al garaje, y después, durante los años siguientes, despegó y se convirtió en un negocio multimillonario. En 2023, Procter & Gamble compró su empresa por una cantidad que ella nunca soñó, y su esposo y ella se quedaron como presidente ejecutivo y jefe de operaciones de la marca. Además de todo eso, donaron diez millones de dólares a su organización benéfica para ayudar a educar a niños y niñas que viven en comunidades vulnerables a la pobreza, y también para dar educación y oportunidades económicas a quienes están en esas mismas comunidades. No sabes qué tipo de carneros tiene Dios esperándote. Cuando lo honras a Él, cuando vives con una mentalidad de abundancia, Él hará cosas que no viste llegar. No solo suplirá tus necesidades; te dará provisión sobrenatural. Proveerá cosas poco comunes e inusuales que no puedes explicar.

Esta mujer me dijo que no se sentía calificada para dirigir una empresa tan grande. Nunca había estudiado empresariales, y su formación estaba en el campo de la salud. Algunas de sus amigas le dijeron que estaba cometiendo un error al dejar su empleo como enfermera; sin embargo, Dios tiene cosas en tu futuro que no tendrán sentido para todos. Que salga agua de una roca no tiene sentido. Decirle a Pedro que regrese y lance sus redes en aguas profundas donde no había peces

> **Dios tiene cosas en tu futuro que no tendrán sentido para todos. Que salga agua de una roca, no tiene sentido.**

unas horas antes no tenía sentido. Sin embargo, hay una bendición que rompe redes. No permitas que otros te disuadan de hacer lo que Dios puso en tu corazón. Sus caminos no son nuestros caminos. La bendición está en la obediencia. El carnero te está esperando donde Dios te dijo que vayas.

Un cambio está llegando

Después de que dos millones de israelitas escaparan de la esclavitud en Egipto, cada mañana Dios les daba maná, que era algo parecido al pan, que aparecía sobre la tierra en el desierto. Así fue como sobrevivieron; sin embargo, en Números 11, el pueblo se cansó del maná y se quejó a Moisés: «Queremos carne para comer. En Egipto teníamos pescado y carne, y ahora lo único que tenemos es este pan reseco». A Dios no le gustó su queja, pero es tan misericordioso que la Escritura dice: «Dios cambió el viento e hizo que cientos de miles de codornices llegaran desde el mar». Con ese cambio, dos millones de personas tuvieron carne para comer durante un mes entero. Como respuesta a que Moisés pensara que eso era una imposibilidad total, Dios estaba diciendo: «¿Hay algún límite para mi poder? ¿No entiendes que yo controlo el universo? Pongo un carnero entre matorrales. Les digo a los peces que entren en una red. Le digo al agua que salga de una roca. Les digo a Compaq Centers que vayan a mi pueblo». Ellos quedaron asombrados ante lo que Dios había hecho.

Nosotros oramos para poder pagar nuestras facturas, pero mira cómo piensa Dios: abundancia, rebose, más que suficiente. Al igual que hizo con ellos, Dios está a punto de cambiar algunas cosas en tu vida. Hará que las codornices te busquen. Tú no podrías haber hecho que suceda. No tenías las relaciones, la experiencia o el trasfondo, pero has puesto a Dios en primer lugar. Has sido fiel. Has honrado a Dios con tus primicias, y ahora Él hará que el viento sople en tu dirección. Un cambio está llegando, de pedir prestado a prestar. Un cambio está llegando, de rentar a poseer. Un cambio está llegando, de ser empleado a ser jefe. Un cambio está llegando, de no tener suficiente a tener más que suficiente.

Tal vez no veas cómo puede suceder eso. Tu mente te dice: *No hay manera. ¿Cómo podrías salir de la deuda? ¿Cómo podrías dejar a tu familia en mejor posición? ¿Cómo podrías alcanzar tu sueño?* Dios te está preguntando lo que le preguntó a Moisés: «¿Hay algo difícil para mí?». Estás mirando en lo natural, pero Dios tiene provisión sobrenatural. Un cambio, y pasarás de no tener peces a tener una bendición que rompe redes. Pasarás de experimentar con productos para el cabello a tener un negocio próspero. Pasarás de una factura médica de dos millones de dólares a estar libre de deudas. ¿Estás mirando el tamaño de la carencia, de la deuda, de la batalla, o el tamaño de tu Dios? Ten una nueva perspectiva y di: «Sea Dios exaltado, que se deleita en prosperarme». Ponte de acuerdo

> **Dios te está preguntando lo que le preguntó a Moisés: «¿Hay algo difícil para mí?».**

con Dios. Ten una mentalidad de abundancia. Él tiene algunos carneros esperándote. Ya ha alineado bendiciones que rompen redes. Si lo haces, creo y declaro que verás provisión sobrenatural. Se abrirán puertas de repente. Buenas rachas y oportunidades te encontrarán. Quedarás asombrado ante la bondad de Dios.

CAPÍTULO CUATRO

Despierta tu gran fe

Atrévete a pedir algo que haga que Dios se asombre. Atrévete a creer algo que hará que Dios se maraville.

Todos tenemos sueños que parecen demasiado grandes, obstáculos que son demasiado para superarlos. No te aprobaron el préstamo hipotecario, se descompuso el automóvil y tuviste que gastar en él todo el dinero que habías ahorrado para las vacaciones, o el estrés del trabajo sigue aumentando día a día. Es fácil desanimarse y quedarse donde uno está. Pero Dios no habría puesto ese sueño en tu corazón si no tuviera una manera de hacer que se cumpla. Él no habría dejado que sufrieras ese desafío si no tuviera planeado sacarte de él. Sin embargo nuestra fe, lo que creemos, tendrá un gran impacto sobre lo que vaya a ocurrir. No depende solo de Dios. Él tiene todo el poder del mundo. Depende de nosotros. Él actúa por medio de la fe. Si crees poco, recibirás poco. Si crees en pequeño, hablas en pequeño, oras en pequeño y dices: «Ya he llegado a mi límite», te quedarás atascado donde estás.

La Escritura habla sobre distintos niveles de fe. En Mateo 8, los discípulos y Jesús estaban en una barca cuando se levantó una gran tormenta. Los discípulos comenzaron a mirar a los vientos y cuán grandes eran las olas. Tuvieron miedo y despertaron a Jesús, diciendo: «Señor, ¡sálvanos! ¡Vamos a morir!». Antes de que Jesús calmara la tormenta, antes de que hablara a las olas, los miró y les dijo: «¿Por qué tienen tan poca fe?». Estaba diciendo: «Ustedes han visto lo que puedo

«¿Por qué tienen tan poca fe?».

hacer. Me han visto sanar a los enfermos, multiplicar los peces y los panes, restaurar a los quebrantados. ¿Por qué siguen atascados en ese bajo nivel de fe cuando saben que puedo hacer cualquier cosa?».

El apóstol Pablo también habla de las personas «que tienen una fe débil». Se refiere a personas que apenas creen, que son disuadidos de creer en sus sueños, que en cualquier momento abandonan lo que Dios puso en su corazón. Pero también hay dos lugares en la Escritura en los que Jesús habla de personas con una «gran fe». Son personas que se atrevieron a creer a pesar de las circunstancias. Sabían que nuestro Dios es todopoderoso, que puede abrir ríos en el desierto, que puede abrir puertas que ninguna persona puede cerrar, que puede hacer lo que la medicina no puede hacer.

Si quieres alcanzar la plenitud de tu destino, no sucederá si tu fe es débil, si tu fe es pequeña, si dudas, si tu fe es mediocre. Necesitarás una gran fe. La buena noticia es que está

En los tiempos que vivimos, una fe promedio no será suficiente.

en ti. Tienes la capacidad de ir a lugares donde nunca has ido, de superar obstáculos que parecen demasiado grandes, pero esta es la clave: tienes que despertar tu gran fe. Tienes que avivar lo que Dios puso en ti. Al enemigo le encantaría que vivas tu vida con poca fe, con una fe débil, sin creer, lleno de dudas. Le encantaría que te acomodes donde estás, que no te estires, que no pongas demandas a tu fe. Pero en los tiempos que vivimos, una fe promedio no será suficiente. Para vencer a las fuerzas que están intentando detenerte no puedes tener una fe ordinaria. Para dejar tu huella no puedes conformarte con creer como todos los demás. Se necesitarán personas que se atrevan a creer a lo grande, a orar a lo grande, a quitar los límites. Tienes que decir: «Dios, no veo el camino, pero sé que tú tienes un camino». Dios quiere hacer algo nuevo en tu vida, algo poco común, extraordinario; pero si quieres ver un gran favor, tienes que tener una gran fe.

Profetiza a los huesos secos

Ya hay en ti una gran fe. Yo solo estoy intentando despertarla. Así es como irás a un nuevo nivel, así es como despegará tu empresa, así es como superarás la adicción, así es como tus hijos regresarán al buen camino. No será solo mediante tu fuerza de voluntad, tu fortaleza o tu inteligencia. Todo eso es bueno, pero se producirá debido a tu fe. Cuando te pones de acuerdo con Dios, los ángeles se ponen a trabajar, las fuerzas de las tinieblas son quebradas, y comienzan a perseguirte las buenas rachas. Una gran fe activa un gran favor. Lo que crees establece

> **Lo que crees establece límites para tu vida.**

límites para tu vida. No vivas tu vida con una fe débil, con poca fe, dudando, con una fe que se queja. Sal de tu molde. Empieza a creer por cosas mayores. No es que Dios esté limitado. Él es todopoderoso, pero podemos limitarlo con nuestro cuando pensamos en pequeño, por nuestras oraciones pequeñas.

En la Escritura, el profeta Ezequiel tuvo una visión de un valle que estaba lleno de huesos secos. Era como un cementerio enorme con miles de huesos esparcidos por el suelo. Esos huesos representaban lo que estaba muerto: sueños que no se cumplieron, decepciones, puertas cerradas. Dios estaba a punto de unir esos huesos y hacer que esas personas cobraran vida. Pero antes de que nada de eso ocurriera, antes de que Dios hiciera lo milagroso, le dijo a Ezequiel: «¿Crees que estos huesos secos puedan vivir?». Estaba diciendo: «Ezequiel, ¿cuál es tu nivel de fe? ¿Tienes una fe débil, poca fe, una fe que duda, o tienes una gran fe? ¿Crees que puedo hacer lo imposible?». Ezequiel respondió: «Oh, soberano Señor». Estaba diciendo: «Dios, tú controlas el universo. Tú separaste las aguas del Mar Rojo. Tú detuviste el sol para Josué. Le diste a Sara un bebé a los noventa años. Sí, esto parece imposible, pero sé que tú puedes hacer lo imposible». Dios dijo: «Ezequiel, eso es lo que estoy buscando. No busco a alguien con una fe débil, o que se queje, o a alguien que me vaya a decir todas las razones por las que no ocurrirá. Estoy buscando una gran fe». Le dijo a Ezequiel que profetizara a esos huesos secos. Cuando lo hizo, los huesos comenzaron a juntarse, aparecieron músculos y órganos, la piel los recubrió, y Dios sopló su aliento en ellos. Se parece a cuando en las películas esos tipos vuelven a la vida y se ponen de pie.

Como en Ezequiel, en ti hay una gran fe. No está en tu mente o en tu intelecto; está en tu espíritu. Para algunas personas, ha estado dormida por mucho tiempo. Dios está a punto de hacer que todo lo muerto en tu vida regrese a la vida, pero está buscando un requisito: gran fe. La buena noticia es que tú la tienes.

> **Una gran fe produce un gran favor.**

Ahora haz tu parte y ponte de acuerdo con Dios. «Padre, gracias porque alcanzaré mis sueños. Creo que me pondré bien. Creo que este año será de abundancia. Señor, gracias porque estás soplando en mi vida ahora mismo». Mantén esta actitud de fe y observa lo que Dios hará. Una gran fe produce un gran favor.

«Conforme a tu fe»

Cuando la hija de un amigo mío tenía tres años, se le cayó encima de la mano una pesada plancha de hierro y le sesgó la última falange de dos dedos. La llevaron corriendo a urgencias, y tras hacerle unos rayos X y las pruebas pertinentes, llegó el especialista y le dijo al padre: «Lo siento, pero no podemos hacer nada para restaurarle los dedos por completo. Esos dos dedos nunca tendrán uñas, y siempre serán un poco más cortos». Se le había cortado el hueso, y lo único que pudieron hacer fue ponerle piel para que se vieran lo más naturales posible. El padre fue muy respetuoso, pero le dijo al doctor: «Yo creo que Dios puede restaurar los dedos de mi pequeña y hacer que vuelvan a ser normales». El doctor lo miró con extrañeza. Era de otro país y no provenía de un trasfondo de fe. Dijo: «Está bien si quiere creer eso, pero tiene que entender que le faltan los huesos. Ninguno de esos dos dedos tendrá la misma longitud que el resto, y no es posible que vuelva a tener uñas». Cuando llegó la esposa del padre, el doctor la tomó aparte y le dijo: «Su esposo está en shock. No acepta el hecho de que la punta de los dedos está cortada».

Le hicieron el injerto de piel. Seis semanas después, llevaron de nuevo a la pequeña para una revisión. Cuando el doctor le quitó el vendaje, sus primeras palabras fueron: «¡Dios mío!». El padre se alarmó y dijo: «¿Qué ocurre?». El doctor respondió: «Le han vuelto a crecer las uñas, y parece que los dedos tienen la longitud correcta». Eso fue hace unos veinte años atrás, y sus dedos aún siguen siendo normales hasta la fecha. No pretendo decir que deberíamos negar la realidad, sino creer que Dios tiene la última palabra. Hay leyes naturales, pero Dios es sobrenatural. Él no está limitado por lo que nos limita a nosotros. Cuando creemos, cuando oramos, todo es posible. Cuando tienes una gran fe, verás la grandeza de nuestro Dios.

> Hay leyes naturales, pero Dios es sobrenatural. Él no está limitado por lo que nos limita a nosotros.

Jesús sanó a un ciego y dijo: «Conforme a tu fe te sea hecho». El hombre no fue sanado conforme a la fe de Dios, sino conforme a su propia fe. Para llegar donde Dios quiere llevarte necesitarás algo más que una fe promedio y mediocre. Ese futuro asombroso que tiene preparado para ti, las puertas que va a abrir y el favor que verás no llegarán con una fe común y corriente. Habrá sueños que serán demasiado grandes para ti. Habrá varios Goliat de oposición donde no tendrás nada que hacer. Habrá ocasiones en que la situación te sobrepasará. Es entonces cuando tienes que ser un Ezequiel y decir: «Dios, sé que estos huesos secos pueden vivir. Sé que puedes derrotar a estos enemigos. Sé que tu favor sobre mi vida me llevará donde yo no puedo ir en mis propias fuerzas».

Al final de la parábola que Jesús contó en Lucas 18 hizo esta pregunta: «Cuando regrese, ¿qué tipo de fe hallaré en la tierra?». Si Dios apareciera en tu casa, ¿qué tipo de fe encontraría? ¿Una fe pequeña? ¿Una

> Si Dios apareciera en tu casa, ¿qué tipo de fe encontraría?

fe débil? ¿Una fe que se queja? Despierta tu gran fe. No tienes que averiguar cómo ocurrirá. Lo único que tienes que hacer es creer.

Cree por lo que hace que Dios se maraville

En Lucas 7 leemos la historia de un centurión romano, lo cual significa que tenía cien hombres a su cargo, que era muy respetado e influyente. Cuando uno de sus sirvientes se puso muy enfermo y estaba a punto de morir, él se preocupó mucho. Escuchó que Jesús estaba en una ciudad cercana. Como era gentil, buscó a algunos de sus amigos judíos y les pidió que se acercaran a Jesús para preguntarle si iría y oraría por su sirviente. Estos líderes judíos fueron y le rogaron a Jesús que acudiera. Jesús accedió y partió hacia la casa del hombre; sin embargo, antes de llegar este centurión envió otro mensaje, diciendo: «Jesús, no te molestes en venir a mi casa. Soy un hombre bajo

> Tener una gran fe no significa ser un erudito religioso, con cuántos versículos bíblicos sabes de memoria, o con cuánto tiempo oras.

autoridad. Cuando digo a alguien que vaya, va; cuando digo que venga, viene. Tan solo di la palabra, y sé que mi sirviente sanará».

Cuando Jesús escuchó eso, dice: «Se maravilló». Quedó asombrado. Se volteó con la multitud y dijo: «No he encontrado esta gran fe en todo Israel». Observa a lo que Dios llama gran fe. Es cuando crees que Él hará algo fuera de lo común, cuando quitas los límites. Nadie le había dicho nunca a Jesús que dijera la palabra. Solo habían visto a Jesús poner las manos sobre las personas y sanarlas. Este oficial romano estaba diciendo: «Creo que tienes tanto poder, tanto favor, que ni siquiera necesitas entrar en mi casas. Tan solo dilo, y sucederá». Lo significativo es que este centurión ni siquiera era seguidor de Cristo, pero Jesús dijo que tenía más fe que los creyentes que viajaban con él. Tener una gran fe no significa ser un erudito religioso, con cuántos versículos bíblicos sabes de memoria, o con cuánto tiempo oras. Significa creer que nuestro Dios es todopoderoso, que puede abrir caminos donde no los hay, que puede derrotar a tus gigantes, que puede abrir puertas que tú no puedes abrir.

Hay solo otra ocasión en la Escritura en la que Dios se maravilló. En Marcos 6, Jesús estaba en su aldea natal de Nazaret, enseñando en la sinagoga. Habían oído sobre sus milagros y estaban atónitos por su sabiduría. Se había difundido el rumor de que Jesús estaba haciendo mucho bien, pero no lo creían. Pensaban que ellos sabían quién era Él. Jesús había crecido allí. No pensaban que hubiera nada especial en Él. Por su incredulidad, no pudo hacer muchos milagros allí salvo sanar a unos cuantos. Aquí tenía un poder ilimitado, había ido a diferentes ciudades y había hecho cosas asombrosas. Uno pensaría que

> Cuando Dios te mira, ¿de qué se maravilla?

la gente de su aldea creería más que los de cualquier otra ciudad, pero fue justamente lo contrario. Dice: «Jesús se maravilló de su incredulidad». En un caso, se maravilló por la fe del centurión; en el otro caso, se maravilló por la incredulidad de la gente. Cuando Dios te mira, ¿de qué se maravilla? «Joel, esta oposición es muy fuerte. No veo la manera de seguir adelante. Estas personas me han ofendido». No, cierra eso. Seamos personas que hacen que Dios se maraville de nuestra fe y no de nuestra duda. Seamos personas que creen en grande, que oran en grande, personas que le quitan los límites a Dios.

Me encanta que el centurión, que ni siquiera adoraba a Jehová, que ni siquiera era creyente, sabía cuán asombroso es nuestro Dios. Había entendido que este Hombre tenía poder, favor, sanidad y autoridad sin igual. Jesús no le dijo: «¿Quién te crees que eres? Ni siquiera eres uno de mis seguidores. Tienes mucho valor al pedirme que haga algo que nunca he hecho». No, Jesús en verdad dijo: «Tu fe es de otro nivel. He visto fe débil, fe pequeña y fe promedio, pero nunca he visto una fe como la tuya. Tienes una gran fe». Dios no te culpa por creer a lo grande, por pedir que se cumplan tus sueños, por lo que parece imposible. A eso lo llama Dios una gran fe. Como este centurión, le estás demostrando a Dios que crees que Él es muy poderoso; pero al enemigo le encanta que vivas con una fe cómoda, con una fe cuadriculada, con una fe basada en lo que has visto en el pasado; sin embargo, para llegar a tu destino tienes que salir de ese molde.

¿Hay algo en lo que estás creyendo que haga que Dios se maraville? ¿Hay algo con lo que estés soñando que está fuera de tu alcance, que no puedes lograr, que es demasiado grande, demasiado, demasiado difícil? Es tiempo de despertar tu fe. Atrévete a creer en cosas más grandes, atrévete a orar con más audacia, atrévete a hacer algo que haga que Dios se maraville. Es tiempo de decir: «Señor, gracias porque este año será un año de abundancia. Gracias

> ¿Hay algo en lo que estás creyendo que haga que Dios se maraville?

porque las puertas que yo no podía abrir se están abriendo, porque mi talento está apareciendo de maneras nuevas, porque fijaré un nuevo estándar para mi familia». Al margen de cuál sea tu nivel de fe, es tiempo de elevarlo. Cree más grande. Dios está haciendo algo nuevo, pero no sucederá con una fe cómoda, con una fe perezosa o con una fe limitada. Dios está buscando una gran fe.

Sintoniza con tu gran fe

De acuerdo a Marcos 5, había una mujer que tenía un problema de sangrado desde hacía doce años. Había ido a los mejores doctores y recibió los mejores tratamientos, pero seguía empeorando. Podría haber aceptado su situación y decir: *Será que tendré que quedarme así. Hice todo lo que pude.* Pero un día oyó que Jesús pasaba por su ciudad. Algo en su interior se avivó, diciéndole: «Esta es tu ocasión. Este es tu momento. Esta enfermedad no es tu destino». Tal vez había oído que Jesús sanó a un hombre con la mano seca, o que había hecho andar de nuevo a un paralítico, o que había liberado a un hombre que vivía en el cementerio. Algo ocurrió en su interior que despertó en ella su gran fe. Había tenido una fe promedio. A pesar de su problema de sangrado, había seguido adelante y había soportado bien la enfermedad, pero aun así podía sentir que este era un nuevo día.

Salió de su casa ese día decidida a llegar hasta Jesús, pero las calles estaban tan abarrotadas de gente que tenía que abrirse paso entre la multitud. Tuvo que abrirse paso entre sus dudas. *No va a suceder.* Tuvo que hacer a un lado su pasado. *Lo has intentado todo y no funcionó.* Tuvo que abrirse paso entre el temor. *¿Y qué ocurrirá si Él se enoja?* A pesar de toda la oposición, siguió avanzando hacia Jesús. «Perdón, tengo que pasar. Disculpe. No quiero ser maleducada, pero ¿podría quitarse de en medio? Tengo una misión». Estaba débil porque su nivel de sangre era bajo. Sus pensamientos le decían: *¿Para qué intentarlo? ¿Por qué se interesaría Él por ti?* Pero seguía diciendo para sí: «Cuando llegue hasta Jesús, seré sana». Podría haberse quedado en casa, sintiéndose desanimada y pensando: *Nunca mejoraré.* Podría haberse quedado atascada con una fe

> **Es fácil vivir en la mediocridad, pero no puedes llegar a ser la persona que Dios quiso que fueras con una fe mediocre.**

cómoda, con una fe perezosa, pero hizo lo que yo te estoy pidiendo a ti que hagas. Sintonizó con su gran fe. Sí, creer a lo grande te costará algo. Es fácil acomodarse. Es fácil vivir en la mediocridad, pero no puedes llegar a ser la persona que Dios quiso que fueras con una fe mediocre. Dios busca una gran fe. Busca personas que le hagan maravillarse y decir: «¡Vaya! Mira lo que cree que puedo hacer. Cree que se puede poner bien a pesar del diagnóstico que tiene. Cree que puede tener un año bendecido a pesar de una mala economía. Cree que le daré el Compaq Center, que puede comenzar su propia empresa, que su familia será restaurada». Una gran fe obtiene la atención de Dios.

Esta mujer finalmente se abrió paso entre las calles abarrotadas y llegó hasta Jesús. En un abrir y cerrar de ojos, estiró su mano y tocó el borde de su manto. Al instante fue sanada. Jesús se detuvo y preguntó a sus discípulos: «¿Quién me ha tocado?». Ellos dijeron: «¿Qué quieres decir? Todos te están tocando entre esta multitud». «No», dijo Él, «alguien me ha tocado con tanta fe que hizo que saliera de mí un poder milagroso». En ese momento, sus ojos conectaron con los ojos de la mujer. No le dijo: «Mujer, ¿por qué has hecho eso? ¿Por qué no esperaste a que llegara tu turno? Se necesita mucho valor por tu parte para

> **¿Hay bendiciones que te estás perdiendo porque estás viviendo con una fe cómoda, que no te expande?**

tocarme sin mi permiso». No. Se quedó asombrado. Dijo: «Hija, tu fe te ha salvado». Estaba diciendo: «No fue mi fe. Yo ni siquiera te vi, pero tuviste una fe tan grande, creíste en quién soy yo de una manera tan grande que hiciste que se produjera el milagro». Había muchas personas acercándose a Jesús ese día, pero ella fue la única que lo tocó. Muchos otros necesitaban sanidad, cambios y favor. El error que cometieron es que no despertaron su gran fe. ¿Hay bendiciones que te estás perdiendo porque estás viviendo con una fe cómoda, que no te expande? ¿Hay favor, ascenso y nuevas relaciones que no estás viendo porque tienes una fe perezosa, una fe pequeña, una fe débil?

Dios ha puesto algo en ti, y está esperando a que tú lo despiertes. Se llama gran fe. Es una fe que hace que Él se maraville. No has visto, oído o imaginado lo que Dios tiene preparado para ti. En los tiempos en que vivimos, eres más necesario que nunca. El profeta Joel dijo: «Despierta a los hombres fuertes, despierta a las mujeres fuertes». Dios cuenta contigo para marcar la diferencia, para ser una bendición, para brillar intensamente, para fijar nuevos estándares. Se necesitarán personas valientes, que se estiren, que salgan de sus zonas de comodidad.

Lo que Dios quiere hacer por ti

Cuando Jesús estaba en la tierra, hizo muchas cosas asombrosas; sin embargo, Él dice: «Mayores obras harán». Esas mayores obras van a exigir una gran fe. Si haces tu parte y tienes una gran fe, Dios hará su parte e intervendrá en tu vida.

Un amigo mío es médico. Iba manejando a su casa desde el trabajo cuando se encontró con un accidente en la autopista que se había producido tan solo unos minutos antes. Vio a un hombre joven cubierto con

> **Esas mayores obras van a exigir una gran fe.**

una sábana. Mi amigo les dijo a los paramédicos que era médico y preguntó si podía hacer algo. Le explicaron que le habían hecho una RCP y que lo habían intentado todo con ese joven, pero no hubo ninguna respuesta. Mi amigo, en ese entonces, no era un creyente fuerte que digamos, pero se acordó del versículo que dice que pondrás tus manos sobre los enfermos y sanarán. Médicamente hablando él no podía hacer nada, pero puso sus manos suavemente sobre el pecho del joven. En voz baja, susurró: «Dios, te pido que dejes que la vida vuelva a este cuerpo». Estuvo allí un minuto o dos, y no ocurrió nada. Se dio media vuelta y se dirigía de nuevo a su vehículo cuando de repente hubo una gran conmoción. El joven comenzó a respirar de nuevo y despertó. Todos estaban asombrados. Le preguntaron al médico: «¿Qué le hiciste?». Él dijo: «Lo único que hice fue orar».

Esa es una de esas mayores obras. Eso es lo que Dios quiere hacer contigo. Él quiere usarte de maneras asombrosas, que se cumplan sueños que te dejen asombrado, llevarte a lugares que nunca pensaste que fueran posibles. ¿Cómo sucede esto? A través de una gran fe. Está dentro de ti en este momento. ¿La has despertado ya? ¿O estás viviendo solo con una fe cómoda, una fe promedio, sin creer, sin estirarte, sin soñar? Sal de ese molde. Quítale los límites a Dios. Debería haber algo por lo que estás creyendo que haga que Dios se maraville. Debería haber algo que supera tus expectativas, que está fuera de tu alcance. Eso es lo que capta la atención de Dios. Si haces esto, si despiertas tu gran fe, creo y declaro que vas a ver nuevos niveles de favor, bendición y abundancia. Hay huesos secos que están a punto de regresar a la vida. Estás a punto de ver la grandeza de nuestro Dios en tu vida de maneras que no tienen precedente.

> Él quiere usarte de maneras asombrosas, que se cumplan sueños que te dejen asombrado, llevarte a lugares que nunca pensaste que fueran posibles.

CAPÍTULO CINCO

Ver más allá de la lógica

Es peligroso poner tus límites humanos sobre el Dios que hizo que las cosas existieran mediante su voz y dejar que tu razonamiento te convenza para que no sigas lo que Él puso en tu corazón.

De camino a tu destino enfrentarás sueños que no puedes alcanzar por ti mismo, obstáculos demasiado grandes para ti, personas que vienen contra ti y son más poderosas que tú. Cuando miras la situación en lo natural, cuando tratas de razonarlo, no hay manera. Tus ingresos no aumentan al ritmo de la inflación. Tus padres ancianos necesitan tus cuidados cada vez más. La relación rota en tu familia ha permanecido igual. Toda tu lógica te dice: «Tan solo acéptalo. No va a poder ser». De eso se trata la fe. Dios te colocará en situaciones a propósito donde no hay solución alguna en lo natural. Eso es una prueba. ¿Te desanimarás y abandonarás tus sueños, o seguirás caminando por fe y no por vista?

> La razón por la que dijo «peligrosa» es porque puedes perder tu destino si solo ves las cosas desde una perspectiva natural.

En Mateo 16, Jesús le dijo a Pedro: «Representas una trampa peligrosa para mí. Ves las cosas solamente desde el punto de vista humano, no el de Dios». Es importante que Él usó unas palabras tan fuertes. Dijo: «Pedro, es peligroso verlo solo desde la lógica». Podría haber dicho: «Pedro, tienes que tener más fe. Tienes que pensar mejor, ser un poco más positivo». La razón por la que dijo «peligrosa» es porque puedes perder tu destino si solo ves las cosas desde una perspectiva natural.

Dios es sobrenatural. Cuando te pones de acuerdo con Él, hay una fuerza detrás de ti que hará que sucedan cosas que tú no puedes hacer que

> **La lógica puede ser un ladrón de sueños.**

sucedan. No estás viviendo la vida por tu cuenta. El Dios Altísimo está soplando hacia ti. No dejes que la lógica te limite. La lógica puede ser un ladrón de sueños. Si miras tu situación solo desde un punto de vista humano, lo que puedes hacer, tus recursos, tus conexiones o tu experiencia, te perderás la grandeza que Dios puso en ti.

Las limitaciones del razonamiento humano

El libro de Génesis habla de cómo Dios creó los cielos y la tierra. El primer día, dijo: «Sea la luz», y fue la luz. El segundo día separó las aguas del

> **¿Cómo se puede tener luz sin el sol?**

cielo. El tercer día creó plantas y árboles. El cuarto día hizo el sol y la luna. Lo interesante es que hubo luz el primer día, pero Dios no hizo el sol hasta el cuarto día. ¿Cómo se puede tener luz sin el sol? Dios nos estaba mostrando que Él no está limitado por la lógica. Él es sobrenatural. Él hará cosas en tu vida que son inexplicables, cosas que no tienen sentido. ¿Cómo puede ser que mi mamá viviera cuarenta y tres años después de ser diagnosticada de cáncer terminal? No es lógico. Eso desafía las probabilidades. Ese es el Dios al que servimos. ¿Cómo puedo yo ser pastor en la actualidad? Cuando murió mi papá, no tenía ni entrenamiento ni experiencia. Nunca había estado en un seminario, pero Dios no escoge como nosotros escogemos. Él hace cosas que no son comunes, inusuales, fuera de lo ordinario. Que Dios esté contigo es más que todo el mundo en contra tuya. Puede que tengas grandes obstáculos, pero tienes que recordarte a ti mismo que servimos a un Dios grande. A veces, Él permitirá que tengas todo en contra tuya a propósito para que cuando Él le voltee todo, sea un milagro más grande.

Las promesas que Dios puso en tu corazón, lo que te ha susurrado en la noche, quizá no parezca posible. Puede parecer demasiado grande, nunca sucedió en tu familia, y no tienes la experiencia necesaria. Toda tu lógica dice que no hay manera. Está bien. Jesús dice: «Humanamente hablando es imposible, pero con Dios todo es posible». Esta es la pregunta: ¿Vas a dejar que tu razonamiento humano, lo que puedes ver, lo que es natural, establezca los límites de tu vida? ¿O mirarás más allá de la lógica? ¿Vas a creer que el Creador todopoderoso del universo, el Dios que puso las estrellas en el firmamento, el Dios que separó las aguas del Mar Rojo, el Dios que crea la luz sin que exista el sol, abrirá un camino donde tú no ves ningún camino?

> ¿Vas a dejar que tu razonamiento humano, lo que puedes ver, lo que es natural, establezca los límites de tu vida?

Lo imposible se vuelve posible

Esto es lo que le ocurrió a una adolescente llamada María que vivía en Nazaret, comprometida con un joven llamado José. Un ángel se le apareció y le dijo: «María, darás a luz a un hijo sin conocer a un hombre. Llamarás al niño Jesús». La Escritura dice que María estaba confundida y turbada, lo cual es fácil de entender. Dios acababa de darle una promesa que parecía imposible. No se puede tener un bebé sin un hombre. Eso desafía las leyes de la naturaleza. María le dijo al ángel: «¿Cómo podré tener un hijo? Soy virgen». El ángel dijo: «El Espíritu del Dios Altísimo vendrá sobre ti y concebirás». El ángel no se molestó porque ella no lo creyó. No le dijo: «Lo siento María, pero acabas de meter la pata. Dios lo prometió, pero no tuviste la fe suficiente». El ángel simplemente le ayudó a tener una nueva perspectiva. En realidad le estaba diciendo: «María, lo estás viendo solo en lo natural; y tienes razón, es imposible. Por tus propios medios no sucederá, pero el Espíritu de Dios hará que suceda». Creo que Dios me envió a mí, como a este ángel, parar ayudarte a tener la perspectiva correcta. Hay una fuerza que no puedes ver, un poder que hará que lo imposible se vuelva posible.

María estaba en un punto crítico. Lo que hizo después determinaría si tendría o no el bebé. Le pudo haber dicho al ángel: «No lo creo. Tienes que regresar a la escuela y estudiar biología. No se puede tener un bebé sin un hombre». Pero María hizo lo que todos tenemos que hacer. Miró más allá de la lógica. No permitió que su razonamiento humano le convenciera de que no era posible. Le dijo al ángel: «Que se haga conforme a su voluntad». Ella estaba diciendo: «Dios, no veo cómo. Parece imposible, pero te creo. Haz que suceda».

Igual que con María, Dios va a poner promesas en tu corazón que no tienen sentido. No hay modo de que puedas recuperarte, no hay manera de hacer que tu negocio despegue, no es posible que tengas un bebé. Tal vez probaste todos los tratamientos de fertilidad. Te han dicho no una y otra vez. Estás justamente donde estaba María. ¿Seguirás viéndolo solo desde un punto de vista humano, o vas a ponerte de acuerdo con Dios y creer lo que dijo el ángel? ¿Cómo puede ocurrir? No será en tus

> El Espíritu del Dios viviente hará que la promesa se cumpla. Será sobrenatural, algo que no puedes explicar, algo por lo que no te podrás atribuir el mérito.

propias fuerzas, con tu inteligencia o trabajando muy duro. El Espíritu del Dios viviente hará que la promesa se cumpla. Será sobrenatural, algo que no puedes explicar, algo por lo que no te podrás atribuir el mérito. Todos sabrán que es la mano de Dios.

Hablé con un hombre que tenía cáncer en las cuerdas vocales y estaba en Houston para una cirugía. Pasó por la iglesia y pidió que oráramos por él. Los médicos le iban a quitar la mayoría de sus cuerdas vocales. Le dijeron que podría emitir sonidos, pero que no podría hablar. Desde una perspectiva humana, no se veía nada bien. Tenía todas las probabilidades en contra. Le dije lo que te estoy diciendo a ti: Dios tiene la última palabra. Él controla el universo. Cuando crees, todo es posible. Unas semanas después regresó a la iglesia. Se acercó a mí, hablando de manera tan clara como la primera vez que lo conocí. Le dije: «¿Qué ocurrió? ¿No te operaron, verdad?». Él sonrió con una gran sonrisa y dijo: «Sí, me operaron, pero puedo hablar como antes». Le quitaron el noventa por ciento de sus cuerdas vocales y aun así podía seguir hablando normalmente. Los médicos no pueden explicarlo. El cirujano dijo que, en todos sus años de experiencia, nunca ha visto ni oído algo así. Ese es Dios creando luz sin un sol, dando un bebé sin un hombre.

«¿Hay algo demasiado difícil?»

En Juan 8, Jesús les dijo a los fariseos: «Ustedes me juzgan con todos sus límites humanos». No pongas tus límites humanos sobre el Dios que creó el universo solo con su palabra. Dios no está limitado por las leyes de la medicina, las leyes de la economía, las leyes de la naturaleza o las leyes de la ciencia. Cuando Él se propone bendecirte, no le pide

> **No pongas tus límites humanos sobre el Dios que creó el universo solo con su palabra.**

permiso a tu jefe ni mira tu plan de jubilación. Él no hace una búsqueda en Google del reporte del mercado de valores. Él no se detiene a pensar en quiénes son tus amigos o de qué familia procedes. Él no actúa según lo natural, porque Él es sobrenatural.

Mencioné previamente que cuando los israelitas salieron de Egipto, se quejaron con Moisés de que estaban cansados de comer maná todos los días. Moisés acudió a Dios y dijo: «Este pueblo quiere carne. ¿Dónde voy a conseguir carne para toda esta gente en el desierto?». Dios dijo: «Moisés, eso no es problema para mí. Yo les daré carne durante un mes entero». Moisés dijo: «Dios, eso es imposible. ¿Acaso no ves dónde estamos? Aunque sacrificáramos todo nuestro ganado y nuestros rebaños, aun así no tendríamos carne suficiente ni para dar de comer una vez a dos millones de personas». No había tiendas de alimentación allí, ni entrega a domicilio de pizzas. Desde una perspectiva lógica, Moisés tenía razón. Pero Dios desafía la lógica. Él no está limitado por lo que a nosotros nos limita. Un toque de su favor, y lo imposible se vuelve posible. Dios cambió la dirección del viento y millones de codornices volaron hasta su campamento. Llenaron todo su territorio y la gente tomaba cuantas querían. Durante un mes entero, comieron codornices en medio del desierto.

Lo significativo es que las codornices, por lo general, no vuelan tan lejos del agua. Nunca verás una codorniz en medio del desierto a menos que esté migrando, pero Dios controla el universo. Si le quitas los límites a Dios, Él hará que la oportunidad te alcance. Las buenas rachas te perseguirán. Las personas indicadas llegarán a llamar a tu puerta. No hagas lo que Moisés y le digas a Dios todas las razones por las que no puedes ser bendecido, por las que no puedes recuperarte de tu enfermedad, por las que no puedes alcanzar tu sueño. Estás estudiando los hechos, las circunstancias, lo que dice la gente, lo que normalmente ocurre. El problema

> **Lo estás viendo solo desde un punto de vista humano. Dios dice que eso es peligroso.**

es que tu lógica te está limitando. Lo estás viendo solo desde un punto de vista humano. Dios dice que eso es peligroso. Puedes quedarte sin tu codorniz, sin tu ascenso, sin tu victoria. Consigue una nueva perspectiva. *Dios, estoy en el desierto. Me parece imposible, pero sé que tú puedes hacer lo imposible. Tú abres ríos en el desierto. Tu conviertes a pastores en reyes. Tú traes bebés de mujeres estériles. Tú abres puertas que están totalmente cerradas. La Escritura dice: «¿Habrá algo difícil para el Señor?».*

Poder para desafiar la lógica

El otro día iba montando en bicicleta por un largo sendero hacia el centro de Houston. Había un joven en un patín a unos doscientos metros por delante de mí. Después de pedalear unos cinco minutos me di cuenta de que no le recortaba distancia, y pensé: *Qué extraño. Voy en una bicicleta grande con ruedas grandes y pedaleando rápido. Él va en esa pequeña tabla con ruedas muy pequeñas y sigue por delante de mí.* En un punto, ambos subíamos por una gran colina y él seguía avanzando sin problemas. Yo iba jadeando, intentando subir la cuesta. A él no les costaba nada. No tenía sentido para mí. Él hizo un giro y tomó un camino diferente, pero unos treinta minutos después lo vi sentado en un banco del parque. Tenía el patín bocarriba a su lado.

> **Hay una fuerza que sopla a favor tuyo que te hará desafiar las probabilidades.**

Lo que no había visto es que su patín tenía incorporado un pequeño motor, y él tenía el mando a distancia en su mano. La razón por la que iba más rápido y haciendo menos esfuerzo que yo es que tenía una ventaja. Tenía algo que yo no podía ver.

Del mismo modo, como hijo del Dios Altísimo, tú tienes una ventaja. Hay una fuerza que sopla a favor tuyo que te hará desafiar las probabilidades. Vas a ir más lejos, más rápido y con menos esfuerzo. La gente te mirará y no lo entenderá. Las personas pensarán: *¿Cómo lograste salir de ese barrio? Yo vi cómo*

> **No juzgues tu futuro según tus limitaciones humanas.**

te educaron. Lo están viendo desde un punto de vista humano. Lo que no ven es que tienes un motor, una unción, un favor, una bendición en tu vida. «¿Cómo pudiste hacer que tu empresa fuera líder en ventas? No tienes experiencia». Lógicamente hablando tienen razón, pero lo que Dios está haciendo en tu vida desafiará toda lógica. «¿Cómo pudiste superar esa enfermedad? El diagnóstico médico decía que no era posible». Sí, pero hay otro reporte que tú no puedes ver. Jehová Rafá, «el Señor nuestro sanador», está soplando sobre tu vida. No juzgues tu futuro según tus limitaciones humanas. Lo que Dios está a punto de hacer en tu vida te sorprenderá: las puertas que está a punto de abrir, la influencia que va a darte, los recursos, las ideas, la creatividad, las conexiones divinas.

Al enemigo le encantaría tenerte atascado en una mentalidad limitada que se enfoca solo en la lógica. Mi oración es: «Dios, abre nuestros ojos. Ayúdanos a ver lo que tú ves, no solo un punto de vista lógico sino una perspectiva celestial. Ayúdanos a darnos cuenta de que tú eres todopoderoso, que tú estás en control, que tú estás por nosotros».

La fe procede del corazón

En Hechos 27, el apóstol Pablo había estado en un barco con destino a Roma por catorce días cuando se produjo un naufragio. Todos en el barco nadaron hacia la orilla de la pequeña isla de Malta. Pablo se alejó para recoger algunas ramas para hacer una hoguera, y una serpiente venenosa le mordió en la mano, se aferró a él y no le soltaba. Los dientes

> **Deberíamos usar el sentido común para tomar buenas decisiones, pero no dejes que tu lógica te disuada de lo que Dios puso en tu corazón.**

habían atravesado la piel, y le había introducido el veneno. Los nativos de la isla sabían exactamente lo que iba a suceder, pues lo habían visto muchas veces. Cuando alguien recibía una mordedura así, la Escritura dice que se hinchaba, se enfermaba y moría. Los nativos esperaron y esperaron. El problema era que nadie le había dicho a Pablo que se suponía que debía morir.

A veces es bueno no saber las cosas. Si tienes un reporte negativo y lo analizas en exceso, razonándolo, estudiándolo todo el día, puede acabar con tu fe. Por eso la Escritura dice: «No te apoyes en tu propio entendimiento». Toma esto en el buen sentido, pero a veces tienes que apagar tu mente. La fe no procede de la mente; la fe procede del corazón. Sí, deberíamos usar el sentido común para tomar buenas decisiones, pero no dejes que tu lógica te disuada de lo que Dios puso en tu corazón.

Dios le había dicho a Pablo que comparecería ante el César. Pablo simplemente se sacudió la serpiente y siguió con su vida. Nunca le afectó. Las gentes de la isla estaban tan impresionadas que pensaban que era un dios. Sin embargo, si Pablo hubiera cometido el error de verlo solo desde un punto de vista lógico y humano, sabiendo que acababa de ser mordido por una serpiente venenosa, habría tenido miedo. Tal vez el veneno le hubiera afectado, o quizá hubiera muerto. Cuando las cosas vienen contra ti, es fácil mirarlo solo en lo natural. «Mira esa demora. Nunca pensé que sufriría este revés. ¿Qué vamos a hacer ahora?». Pero tienes que recordarte a ti mismo que Dios sigue estando en el trono. Nada puede arrebatarte de sus manos. Él no lo permitiría si no tuviera ya una solución.

Nuestra familia conoció a un hombre llamado Casey cuando yo era pequeño. Era dueño de una empresa que trasladaba casas. Un día, habían viajado varias horas por las carreteras del país trasladando una casa, teniendo que elevar los cables del tendido eléctrico y mover las señales para limpiar el camino. Finalmente llegaron a su destino, y Casey se dio cuenta de que se les había olvidado la cadena principal necesaria para bajar la casa del camión. Estaban a

> **Cuando no estás limitado por la lógica, harás oraciones audaces.**

varias horas de la ciudad a la que tenían que regresar, y ya casi era de noche, y además no quería dejar la casa a un lado de la carretera. Les dijo a sus hombres que iba a orar y a pedirle a Dios que le diera una cadena. Ellos se rieron un poco, y uno de ellos dijo sarcásticamente: «¿Qué vas a hacer? ¿Pedirle a Dios que haga llover cadenas del cielo?». Entonces todos se rieron y se burlaron de la idea. Casey dijo: «Dios, yo sé que no hay nada difícil para ti. No sé cómo puede ocurrir esto en lo natural, mi lógica dice que esto no tiene sentido, pero sé que tú eres sobrenatural. Tú tienes caminos que yo nunca hubiera creído posibles, así que te pido que me des una cadena». Todos sus hombres pusieron cara de desaprobación y movieron sus cabezas. Pero Jesús dijo: «No me juzguen con sus limitaciones humanas. No me pongan en la misma categoría de lo que ustedes pueden hacer. Yo soy todo-poderoso». Cuando no estás limitado por la lógica, harás oraciones audaces. Te sacudirás una serpiente como lo hizo Pablo, una mala racha o una decepción, y seguirás con tu vida. Creerás que tus sueños son posibles, aunque parezcan improbables.

Casey y sus hombres estaban de pie junto a la carretera en medio de la nada, intentando averiguar qué hacer. Había una curva cerrada en la carretera justo enfrente de ellos. En ese momento, una vieja camioneta destartalada con la puerta trasera abierta bajó por la carretera a toda velocidad, yendo mucho más rápido de lo debido. Cuando tomó la curva, salió volando una cadena de la parte posterior de la camioneta, cruzó la carretera y llegó hasta los pies de Casey. Él la recogió y dijo: «Aquí está mi cadena, chicos. Pongámonos a trabajar». ¿Hay algo demasiado difícil para el Señor?

La risa del asombro

> **Cuando tienes todo en tu contra, entonces estás en una posición perfecta para que Dios intervenga en tu vida y haga algo que no has visto nunca.**

¿Estás basando tus oraciones en tu habilidad, en tus conexiones, en tus finanzas? Si solo ves las cosas desde un punto de vista natural y lógico, te perderás la plenitud de lo que Dios tiene preparado. Es peligroso limitarle solo a lo que tú crees que puede ocurrir. Quita los límites. Haz oraciones audaces. Sueña a lo grande. Si puedes alcanzar tu sueño solo con tu capacidad, con tus conexiones y tus finanzas, tu sueño es demasiado pequeño. Dios tiene cosas en tu futuro que aún no has visto, niveles que no has imaginado. No lo limites a Él a lo lógico. Decide creer incluso cuando tu mente te diga: «Eso es demasiado. Nunca te pondrás bien, nunca empezarás un negocio, nunca verás a tu familia restaurada». Cuando tienes todo en tu contra, entonces estás en una posición perfecta para que Dios intervenga en tu vida y haga algo que no has visto nunca.

Dios les dijo a Abraham y Sara que iban a tener un bebé cuando ambos eran demasiado ancianos. Cuando Sara lo oyó, la Escritura dice que se rió y dijo: «¿Cómo podría una anciana como yo tener un bebé?». Ella pensó: *Eso es demasiado, es divertido. Es cómico. Imagínate a mí teniendo un hijo.* Sara hizo lo que muchos de nosotros hacemos. Lo vio solo en lo natural. En su razonamiento humano, tenía razón. No se puede tener un bebé con noventa años. Sin embargo, cuando Dios pone una promesa en tu corazón, cuando susurra algo en tu espíritu, puede parecer tan lejano, tan improbable, que es muy fácil que lo deseches. Intenta verlo de otra manera. Haz lo que hizo María, y di: «Dios, haz conmigo tu voluntad. Te creo. No veo cómo, pero no te voy a limitar basado en mi punto de vista humano». Cuando Sara tenía noventa años, contra todo pronóstico, dio a luz a un hijo. La Escritura dice que se volvió a reír, y dijo: «Dios me hizo reír, y todo el que se entere de esto se reirá conmigo». Ella incluso llamó a su hijo Isaac, que significa «risa».

La primera vez se rio de incredulidad, pensando: *Es imposible*. La segunda vez se río de asombro, pensando: *Mira lo que ha hecho el Señor*. En el pasado, tal vez te reíste de incredulidad, pensando que lo que Dios te prometió nunca sucedería. Lo desechaste diciendo: «Es demasiado tarde. Es demasiado grande. Es imposible». La buena noticia es que eso no detuvo la promesa. Creo que ya viene tu segunda risa.

> La segunda risa te sorprenderá. Será algo fuera de lo común, algo que no podrás explicar, algo que te catapultará a un nuevo nivel.

Dios está a punto de hacer algo tan asombroso, tan grande, que te reirás de asombro. La segunda risa te sorprenderá. Será algo fuera de lo común, algo que no podrás explicar, algo que te catapultará a un nuevo nivel. Prepárate. Dios está a punto de desafiar las probabilidades. Está a punto de intervenir en tu vida. No has visto, oído o imaginado lo que Él va a hacer. Como Sara, estás a punto de quedarte asombrado por la grandeza de nuestro Dios. No estarías leyendo esto si esa segunda risa no estuviera de camino.

Ahora haz tu parte. No veas las cosas solo desde un punto de vista humano. No dejes que tu lógica limite lo que Dios quiere hacer. No estoy diciendo que niegues los hechos y que actúes como si no existieran. Estoy diciendo que veas más allá de la lógica. Consigue una perspectiva celestial. El Dios Altísimo está de tu lado. Él no ha olvidado lo que te prometió. Si haces esto, creo y declaro que vas a ver provisión sobrenatural, favor inesperado, y nuevas puertas que están a punto de abrirse. Las personas idóneas, las buenas rachas y las soluciones ya están de camino.

CAPÍTULO SEIS

Recibe cuando crees

Si oras y luego te preocupas, pidiéndole a Dios lo mismo una y otra vez, el problema es que realmente no estás recibiendo lo que estás pidiendo.

Todos tenemos cosas que creemos y esperamos que ocurran. Un día nos recuperaremos, un día superaremos la adicción, un día conoceremos a la persona indicada. Hemos orado y estamos creyendo en fe a la espera de que ocurra; sin embargo, Jesús nos da un principio importante en Marcos 11. Dice: «Cualquier cosa que pidan en oración, crean que la recibirán, y les será hecho». No dijo que creamos que va a suceder o que creamos que vamos a ver cómo las cosas cambian. Dijo que creamos que recibiremos al orar. Cree que sucedió en ese momento, no dentro de una semana ni de un mes. Cree que, en el momento que oraste, las cosas cambiaron a tu favor. Dios ha puesto en marcha el milagro. Si estás enfrentando una enfermedad, tienes que decir: «Dios, te pido que sanes mi cuerpo. Y, Señor, recibo mi sanidad en este momento». Cuando no solo oras sino que das un paso más y recibes tu sanidad, en el ámbito de lo invisible comienzan a suceder cosas. Pero si la sanidad, la libertad,

> Lo que Dios va a hacer que suceda no es lo que tú pediste, sino lo que crees que recibes cuando oras.

el ascenso o las victorias están siempre en tu futuro, no lo has recibido en tu espíritu. Lo que Dios va a hacer que suceda no es lo que tú pediste, sino lo que crees que recibes cuando oras.

¿Estás recibiendo cuando estás creyendo? Esto significa que no solo tienes que decir: «Dios, te pido que me liberes de esta adicción. Ayúdame a dejar este mal hábito». Eso está bien, pero no es suficiente. Dale un seguimiento diciendo: «Señor, recibo tu libertad. Gracias porque ya soy libre». No es: «Voy a ser libre. Espero que un día superaré la adicción. Realmente batallo mucho en este área». No, ya ha sucedido. Cuando oraste, no solo creíste sino que también lo recibiste. Ahora cambia tu discurso de «Lo estoy esperando» a «Ya ha sucedido». Es cuestión de tiempo hasta que lo que sucedió en el ámbito invisible se muestre en el ámbito natural. Tienes que ser sanado en tu espíritu antes de ser sanado en tu cuerpo. Tienes que ser próspero en tu espíritu antes de ser próspero en lo natural. Si crees que va ocurrir en algún momento del futuro, no hay promesa de que vaya a suceder. Tienes que recibirlo cuando crees. Cuando oras, aunque parezca que no ha cambiado nada, aunque todas las circunstancias sean iguales, tu fe dice: «Ha sucedido. Las cosas cambiaron a mi favor».

Entra en el reposo

Esto es lo que hizo mi mamá cuando le diagnosticaron cáncer terminal de hígado en 1981. No había tratamiento médico que le pudieran dar. Cuando mi papá la trajo a casa desde el hospital, estaban devastados. Se postraron en el piso de su cuarto, oraron y le pidieron a Dios que la sanara. Mi mamá creyó que recibió su sanidad ese día; no que iba a ser sanada sino que ya había sucedido, y así lo escribió: *11 de diciembre de 1981. Cuando oramos, la sanidad entró en mi cuerpo.* Su aspecto no cambió en ese momento y no se sentía ni mejor ni peor, pero no se dejaba llevar por lo que veía o sentía. Tenemos que caminar por fe y no por vista. A partir de ese momento, nunca la escuché orar: «Dios, por favor sáname. Por favor, déjame vivir. Por favor, cambia esta situación». Si lo recibes cuando oras, entonces en lugar de rogarle a Dios, le darás las gracias. «Señor, gracias porque soy sano. Gracias porque gozaré de largura de días». Si le pides a Dios lo mismo una y otra vez, el problema es que no estás recibiendo lo que estás pidiendo. Prueba un enfoque distinto y cree que ya sucedió.

> Cuando oras conforme a la Palabra de Dios, y recibes aquello por lo que estás orando, hay certidumbre. Ya ha sucedido.

Durante meses, mi mamá no tuvo un mejor aspecto. Era frágil, y su piel estaba amarillenta. Pero la escuchaba ir por la casa diciendo: «Padre, gracias porque cuando oramos el 11 de diciembre, la sanidad entró en mi cuerpo. Señor, creo que la marea de la batalla en mi salud cambió ese día». Su mente estaba firme. Ya no estaba intentando ser sanada; ya se sabía sanada. Tan solo estaba esperando que apareciera la manifestación. Eso es distinto a esperar que algo ocurra. Cuando oras conforme a la Palabra de Dios y recibes aquello por lo que estás orando, hay certidumbre. Ya ha sucedido. No tienes que vivir preocupado, intentando convencer a Dios de que haga algo. Puedes reposar, sabiendo que ya está hecho. En el momento indicado, Dios lo llevará de lo invisible a lo visible. Este modo de vivir es mucho mejor. Nos libera de toda la presión. Si estás orando y después te preocupas, pidiéndole a Dios una y otra vez, estresado, realmente no lo recibiste. La Escritura dice: «Los que han creído han entrado en el reposo». Cuando lo has recibido por fe, no vives rígido y tenso. Sabes que está en las manos de Dios.

Mi mamá siguió dándole gracias a Dios por su sanidad. Con el tiempo, lo que ella recibió en su espíritu se convirtió en una realidad en lo natural. Fue mejorando cada vez más. Unos cuarenta años después, aún estaba sana y fuerte. Creo que una clave es que ella recibió su sanidad cuando oró. Creyó que fue sanada cuando no había síntoma alguno de ello. Jesús no dijo: «Cree que lo recibes cuando lo veas, cuando tu salud mejore, cuando se produzca ese avance». Lo que dijo fue: «Cree que lo recibes cuando oras, cuando nada parece distinto, cuando parece que la enfermedad se está saliendo con la suya, cuando tu economía no está cambiando». Si ocurriera al instante, no sería necesaria la fe. Es aquí donde le demuestras a Dios de qué estás hecho.

La prueba es cuando no vemos que nada está cambiando. Tus pensamientos te susurran: *No ocurrió nada. No fuiste sanado. Estás igual. Ya debería haber mejorado algo. Oraste, pero nunca conocerás a la persona indicada. Pediste, pero tu negocio no sobrevivirá.* No creas esas mentiras. Al enemigo le encantaría que dejes de creer en lo que Dios puso en tu espíritu. Lo recibiste por fe, así que ahora tienes que caminar por fe. Solo porque veas que no ocurre nada no significa que Dios no esté actuando. En la esfera de lo invisible, lo que recibiste en tu espíritu se hizo realidad. Es solo cuestión de tiempo hasta que se muestre.

Es solo cuestión de tiempo

En Mateo 21, cuando Jesús y sus discípulos se iban de la ciudad de Betania, vieron una higuera a la distancia. Tenían hambre, así que Jesús se acercó a ella, pero no encontró higos. Le dijo al árbol: «Que nadie vuelva a comer de tu fruto». Pero, cuando lo dijo, externamente no se produjo ningún cambio en el árbol. Estaba tan sano y frondoso como siempre. Puedo escuchar a los discípulos susurrar: «¿Qué sucedió? Esta vez no ha funcionado». Le habían visto hablar a un ciego y ver cómo sus ojos eran sanados. Le habían oído hablar a una tormenta y calmar las aguas, pero cuando le habló a este árbol, nada cambió.

No había evidencia de que lo que dijo hubiera ocurrido. Los discípulos siguieron por su camino, perplejos y preguntándose qué salió mal. A la mañana siguiente, sin embargo, al pasar de nuevo junto al árbol, los discípulos vieron que estaba seco. Pedro se sorprendió mucho y dijo: «¡Mira, Jesús! El árbol que maldijiste se está muriendo». Ellos pensaron que no había sucedido nada cuando Jesús habló, nada parecía haber cambiado en ese momento, pero en el ámbito de lo invisible las cosas cambiaron.

> **No dejes que lo externo te engañe. Dios está actuando entre bambalinas. En la esfera que no puedes ver, las cosas han cambiado.**

Entonces Jesús les enseñó este principio: «Cuando oren, crean que lo han recibido, y les será hecho». Nos estaba mostrando mediante la higuera que puede que no veamos que nada cambia. Puede que toda la evidencia sea la misma. Tu salud es la misma. Tu economía no ha mejorado. Tus hijos no se han regresado al buen camino.

Podrías pensar: *Dios, recibí mi sanidad. Recibí lo que prometiste, pero no veo ninguna diferencia. Sigo batallando en mi carrera. Sigo esperando a la persona indicada. Tal vez no he fui sanado. Quizá no soy próspero. Quizá no conoceré a la persona indicada.* No, no dejes que lo externo te engañe. Dios está actuando entre bambalinas. En la esfera que no puedes ver, las cosas han cambiado. En cuanto recibes aquello por lo que creíste, las cosas comenzaron a alinearse a tu favor y dirigirse hacia ti: buenas rachas, las personas indicadas, sanidad, abundancia.

La Escritura dice: «Las raíces de la higuera empezaron a secarse». Algo debajo de la tierra, algo invisible, comenzó a ocurrir. En este momento hay cosas en la realidad invisible cambiando a favor tuyo. Cadenas que te han retenido están siendo rotas. Malos hábitos que han estorbado a tus hijos se están soltando. Fortalezas están cayendo. Nuevas puertas están a punto de abrirse. Sueños en los que has estado creyendo están a punto de cumplirse. No te desanimes por lo que no está ocurriendo. No puedes ver este mundo invisible. Es aquí donde entra la fe. «Dios, no veo evidencia alguna, parece que nada está mejorando, pero sé que lo que recibí en mi espíritu está a punto de mostrarse en lo natural».

Jesús comenzó este pasaje diciendo: «Ten fe en Dios». No es fe en tus circunstancias. No es fe en lo que puedes hacer. No es fe en tu jefe, en tu banquero, en tus padres, en tu doctor o en tu pastor. Todo eso está bien, pero ellos no controlan el universo. Ellos no crearon mundos con su voz. No separaron las aguas del Mar Rojo ni resucitaron a Lázaro de los muertos. Nuestro Dios es todopoderoso. Nada puede permanecer contra Él. Cuando Él habla, los ángeles actúan, las fuerzas de las tinieblas son quebrantadas, las buenas rachas empiezan a perseguirte. Lo que has recibido en tu espíritu puede parecer imposible, y tal vez todas las probabilidades te sean contrarias, pero no es nada para nuestro Dios. Un toque de su favor te catapultará hacia adelante, te liberará de la adicción, te sanará de la enfermedad, hará que pases de la escasez a la abundancia, del esfuerzo a la facilidad, de la soledad a relaciones estupendas.

Quizá estés mirando hoy alguna higuera y diciendo: «Joel, recibí mi sanidad pero no ocurrió nada. Creo que soy bendecido, que soy próspero y que soy libre, pero no hay señal alguna de ello». Mantente en fe; se acerca tu momento. Dios es fiel. Él ve que estás haciendo las cosas bien. Él te ve creyendo cuando no estás viendo, alabando cuando podrías estar quejándote, dándole

> Todo comienza en lo invisible, y mediante nuestra fe lo traemos a lo visible.

gracias cuando no hay mejoría. Es solo cuestión de tiempo hasta que veas el avance, el ascenso, la sanidad, la victoria. No dejes de creer. No permitas que lo que no está ocurriendo te convenza de que Dios no está obrando en el mundo invisible. Todo comienza en lo invisible, y mediante nuestra fe lo traemos a lo visible.

No tienes que seguir pidiendo

Cuando mi papá falleció en 1999, supe que tenía dar el paso de pastorear la iglesia aunque nunca antes había ministrado. Cuando comencé a hacerlo estaba muy nervioso, me sentía intimidado y muy inseguro. Todos los pensamientos me decían que no podía ponerme delante de la gente. Oraba y le pedía a Dios que me ayudara, le pedía confianza, le pedía fortaleza, pero no entendía en ese entonces este principio de que tienes que recibir cuando pides. Estaba esperando a sentirme seguro, a sentirme ungido. El problema era que ese sentimiento nunca llegaba. Yo seguía pidiéndoselo a Dios una y otra vez. Un día, comprendí lo que te estoy diciendo ahora. Tenía que recibirlo por fe. En lugar de decir: «Dios, ayúdame a tener confianza. Ayúdame a ser fuerte. Te pido tu unción», comencé a creer y a decir: «Estoy ungido. Tengo confianza. Soy fuerte. Soy capaz». Cuando decía eso, sentía todo lo contrario. Era como la higuera. «Dios, tú lo dijiste, tú lo prometiste, pero no veo evidencia alguna». Tan solo seguí diciéndolo, creyéndolo, declarándolo, y no tardó mucho tiempo en convertirse en realidad. Lo saqué de lo invisible a lo visible.

Una vez que les has pedido algo a Dios, ya no tienes que seguir pidiendo. La clave está en recibirlo, creer que ha sucedido, y después en lugar de pedir una y otra vez, comenzar a darle gracias. Yo dejé de pedirle a Dios su unción y comencé a decir: «Padre, gracias porque estoy ungido». No le pido a Dios que me bendiga cada día porque he recibido la bendición. Digo: «Padre, gracias porque estoy bendecido. Gracias porque soy próspero. Gracias porque estoy sano». Si sigues pidiendo lo mismo una y otra vez, sé que eres sincero pero eso no le demuestra a Dios que confías en Él.

Si nuestra hija Alexandra me pide algo y yo digo: «Sí, te lo voy a dar», pero después regresa a mí más tarde con la misma petición y me lo sigue pidiendo una y otra vez, eso me haría sentir mal como padre, ya que pensaría: *¿Es que no confías en mí? Te dije que lo haría. No tienes que seguir pidiéndome.* Ocurre lo mismo con nuestro Padre celestial. Cuando pides, está bien, pero Jesús dijo que no te detuvieras ahí sino que creyeras que has recibido lo que pediste. Cree que tu Padre te ama tanto, que es tan bueno y tan amable, que te concedió

> Cree que tu Padre te ama tanto, que es tan bueno y tan amable, que te concedió tu petición, que dijo sí a lo que le pediste.

tu petición, que dijo sí a lo que le pediste. Sí a la sanidad, sí al favor, sí a la sabiduría, sí al avance. El apóstol Juan dice: «Esta es la confianza que tenemos en Dios, que si pedimos algo conforme a su voluntad, Él nos oye. Y sabemos que nos dará lo que le pedimos». Si estás pidiendo conforme a su voluntad, puedes tener la seguridad de que la respuesta es sí. No tienes que suplicar, no tienes que estar nervioso, tan solo recibir su sí por la fe.

Puedes encontrar la voluntad de Dios en su Palabra. Él dice que desea por encima de todo que seas próspero y que tengas buena salud. Dice que te ha coronado de favor, y que prestarás y no tomarás prestado, que tus hijos son poderosos en la tierra. Dice que dejarás tu huella, que eres un héroe poderoso. Su voluntad se encuentra en su Palabra. Está llena de sus promesas. Después de orar: «Padre, te pido que mis hijos sean poderosos en la tierra», recíbelo por fe, cree que ha sucedido. A partir de ese instante, simplemente di: «Gracias, Señor, porque mis hijos son poderosos en la tierra», y no: «Por favor, Dios, ¿puedes hacer algo con ellos?». Recibe aquello por lo que crees. «Padre, tú dijiste que todo lo que toque será próspero y tendrá éxito. Te pido tu bendición sobre mi negocio. Que mis dones se manifiesten en su plenitud y me hagan brillar intensamente». Ahora, no sigas haciendo esa misma oración todos los días. Da el siguiente paso. «Padre, recibo lo que prometiste. Gracias porque soy bendecido, porque soy próspero, porque voy a marcar la diferencia, porque dejaré a mi familia mejor de lo que estaba». La manera de llevarlo de lo invisible a lo visible es mediante la fe. Es recibiendo aquello por lo que estás orando.

Confía en los cambios en lo invisible

> **No canceles tu oración hablando de manera negativa.**

Esta es otra clave para recibir respuestas a las oraciones: no sirve de mucho orar por algo y después irnos y hablar de lo improbable que es que suceda. No canceles tu oración hablando de manera negativa. «Oramos por nuestras finanzas, Joel, pero no sé, ¿has visto las noticias? La economía está muy difícil». Acabas de anular tu oración. No puedes orar por victoria y hablar de derrota. Cuando crees que recibiste lo que pediste, que eso ya ha sucedido, es una mentalidad distinta. No es: «Espero que funcione». Ya lo sabes, y tu actitud debe ser: *Ya está hecho. Las cosas han cambiado a mi favor.* Esta es la confianza que podemos tener en nuestro Dios. Él se llama El Shaddai, el Dios del más que suficiente. Se llama Jehová-jiré, el Señor nuestro proveedor. Se llama Jehová Rafá, el Señor nuestro sanador. Se llama el gran YO SOY, el Dios todosuficiente. Cuando pedimos en fe, cuando lo recibimos en nuestro espíritu, podemos estar seguros de que algo cambia en el mundo invisible. El favor se pone en acción, los ángeles son enviados, las fuerzas de la oscuridad son quebrantadas. No es: «Me pregunto *si* sucederá». Más bien es: «*cuándo* va a suceder. Estoy confiado en el Dios que servimos, que es fiel, que terminará lo que comenzó». Ahora puede que todo se parezca a la higuera, como si nada hubiera cambiado, pero tú sabes un secreto. En la esfera de lo invisible, las cosas han cambiado. Es solo cuestión de tiempo hasta que recibas lo que viste en tu espíritu.

Hace tiempo, una madre llegó pidiendo oración por su hija adolescente durante uno de nuestros servicios. Nos contó que su hija se había alejado del buen camino, juntándose con las personas inadecuadas y siendo irrespetuosa.

> **O creemos que Dios respondió la primera vez, que puso en marcha el milagro, o no lo creemos.**

Estaba muy preocupada. Oramos para que esta joven cambiara y empezara a tomar buenas decisiones. A la semana siguiente, esta madre llegó con la misma petición, contando que la situación no había mejorado, y esta vez siguió contando más detalles. Mi corazón se conmovió. Volvimos a orar. A la semana siguiente, regresó con la misma petición. Le dije lo que te estoy diciendo a ti. No tenemos que seguir orando por lo mismo. O creemos que Dios respondió la primera vez, que puso en marcha el milagro, o no lo creemos. En ese punto no depende ya de Dios, sino de nosotros. Jesús dice que todo lo que pidamos, creamos que lo recibimos al orar y no cuando lo veamos manifestado, no cuando veamos el cambio. La prueba es si recibes aquello por lo que crees.

Podemos orar el día entero, pero si salimos y proclamamos derrota, si llamamos a nuestros amigos y decimos: «No sé cómo va a salir esto», estamos cancelando la oración. El problema es que no lo recibiste cuando oraste. Si lo hubieras recibido, tendrías una mentalidad diferente. Estarías seguro de que ya está hecho. No caminas por vista, sino que caminas por fe. No te mueves por lo que no ves. Sabes que están ocurriendo cosas en la esfera de lo invisible. Cuando llega la duda, los pensamientos de desánimo susurran: *Oye, no ha ocurrido nada. Mira la higuera. Está igual que estaba.* En lugar de desanimarte y declarar derrota, conviértelo en alabanza. «Padre, gracias porque he sido sanado. Gracias porque mi hijo es poderoso en la tierra. Gracias porque mi negocio está bendecido». No estamos esperando que suceda, no pensamos que ocurrirá en algún momento futuro. «Señor, gracias porque ya está hecho».

Acude esperando una respuesta

> **¿Y si acudes a Dios con confianza, sabiendo que cuando pides en fe, Él te responderá?**

La Escritura dice en el libro de Santiago: «Si necesitan sabiduría, pídansela a nuestro generoso Dios, y él se la dará; no los reprenderá por pedirla. Cuando se la pidan, asegúrense de que su fe sea solamente en Dios, y no duden, porque una persona que duda tiene la lealtad dividida y es tan inestable como una ola del mar que el viento arrastra y empuja de un lado a otro. Esas personas no deberían esperar nada del Señor». Esto es hablando sobre recibir sabiduría, pero el principio es el mismo: cuando le pides algo a Dios, asegúrate de que realmente esperas una respuesta de su parte. A veces acudimos a Dios con incertidumbre y duda: *Quizá tenga suerte y sucederá algo.* ¿Y si acudes a Dios con confianza, sabiendo que cuando pides en fe, Él te responderá? Me encanta cuando dice que Dios no nos reprende por pedir sabiduría. Él no está en el cielo enojado, como si le estuvieras molestando, y diciendo: «¿Qué necesitas ahora? Estoy cansado de lidiar contigo». A Dios le encanta que acudas a Él. Está deseoso de ser bueno contigo; pero si quieres ver que ocurran cosas, hay algunos requisitos. Primero, acude a Él esperando una respuesta, esperando que Él sea bueno contigo. Y segundo, cuando pidas, cree que lo vas a recibir. Por fe, cree que ya sucedió.

Santiago dice que, cuando tienes la mente dividida, no puedes esperar recibir nada de Dios. Él pregunta: «¿Por cuánto tiempo te debatirás entre dos opiniones?». Tienes que estar convencido. ¿Vas a creer lo que Dios promete, o vas a dejar que la duda y las voces negativas te convenzan de que no va a suceder? «¿Y si esto no funciona? Nunca conseguirás ese contrato. Nunca serás exitoso». Hazte un favor a ti mismo y apaga esas voces. No dejes que la duda te impida alcanzar tu destino. Ten una mente firme que dice: «Estoy convencido. Creo que lo recibí cuando oré; ahora mi mente está firme. No soy movido por lo que no veo. No voy a dejar que otras personas me convenzan de lo contrario. No voy a permitir que el tiempo me convenza de que no va a suceder. No voy a dejar que la higuera me haga dudar. Creo que ya está hecho». La duda nos visita a todos. Tienes que guardar tu mente. Tú controlas la puerta de entrada a tus pensamientos. Cuando esos pensamientos negativos lleguen, pon un letrero que diga: «Todo lleno». «Lo siento, no hay espacio aquí para ti. Mi mente está llena de fe. Estoy sano. Estoy bendecido. Estoy ungido. Soy victorioso». No malgastes energías en lo negativo. Cuando das vueltas a los pensamientos negativos y comienzas a recorrer ese camino de todas las cosas que no van a salir bien, les estás dando vida a esos pensamientos. Estás permitiendo que crezcan. Comienza a matar de hambre a tus dudas y a alimentar tu fe. Como dice la Escritura, tal vez has estado dudando entre dos opiniones, yendo de una a otra. Un día dices: «Creo que va a suceder». Al día siguiente dices: «Nunca va a funcionar». No has sido constante. Está bien. Hoy puede ser un nuevo día. Puedes centrar tu mente. Puedes tomar la decisión: «Cuando ore, no solo voy a creer que sucederá sino que voy a creer que ya ha sucedido. Lo recibiré cuando creo».

> Tú controlas la puerta de entrada a tus pensamientos. Cuando esos pensamientos negativos lleguen, pon un letrero que diga: «Todo lleno».

Tal vez ya has estado haciendo eso. Al igual que mi mamá, te has mantenido firme en la fe cuando nada está mejorando, creyendo cuando no estás viendo, dando gracias a Dios cuando no hay señal alguna de cambio. Los pensamientos te dicen que Dios se ha olvidado de ti y que la situación nunca va a cambiar. No, tienes que prepararte. Ya llega tu hora. Creo y declaro que lo que lo que hay en el ámbito de lo invisible está a punto de convertirse en una realidad en tu vida. Estás a punto de alzar el vuelo, de superar obstáculos, de alcanzar sueños y de cumplir el plan que Dios tiene para tu vida.

CAPÍTULO SIETE

Verdaderamente libre

Dios va a poner fin a las cosas que te limitan, que te detienen, que drenan tu gozo, que te cargan y te impiden caminar en la plenitud de la bendición.

Cuando hemos batallado en un área por mucho tiempo, es fácil aceptar que esa situación será así siempre. Hicimos todo lo que pudimos. Oramos y creímos con fe, pero no cambió nada. Ahora pensamos: *Tendré esta enfermedad toda mi vida. Siempre tendré presión económica. Siempre tendré que lidiar con la ansiedad y la depresión. Siempre tendré este problema en el trabajo.* Estamos actuando, lo estamos consiguiendo, pero nos está robando nuestro gozo y limitando nuestro crecimiento. Recientemente, un hombre me dijo que ha intentado perdonar a las personas que le ofendieron, pero que no lograba superarlo. Aún siente amargura y enojo hacia ellos. Ahora, eso le está impidiendo avanzar. Pero Dios no te creó para que seas libre solo en parte, para que seas casi libre o para que seas mejor de lo que solías ser. La Escritura dice: «Si el Hijo les libera serán verdaderamente libres». Las cosas que te están estorbando, que te están impidiendo usar todo tu potencial, no son permanentes. Tu historia no termina con esa enfermedad. No creas la mentira de que tienes que vivir con la depresión o la adicción. No, Dios está a punto de hacer algo nuevo en tu vida.

Estás a punto de experimentar un cambio, un avance. Lo que no podías hacer por ti mismo, Dios intervendrá y lo hará por ti. Tu destino es demasiado grandioso y tu tiempo es demasiado valioso para que pases otro año viviendo con restricciones, limitado. Estás a punto de ver al Dios del cambio, al Dios que repentinamente interviene y pone fin a lo que te está reteniendo. Él quiere

> **Tu destino es demasiado grandioso y tu tiempo es demasiado valioso para que pases otro año viviendo con restricciones, limitado.**

que seas verdaderamente libre. Esa libertad significa que no hay nada que pueda robarte el gozo, nada que obstaculice tu potencial, nada que limite tus relaciones. Sí, hay etapas en las que tenemos que resistir y pelear la buena batalla de la fe, pero llega un momento en el que Dios dice: «Ya basta. Ahora voy a intervenir y te voy a liberar, te voy a sanar, te voy a ascender y favorecer».

Un toque de su favor

Eso ocurrió con los israelitas. Habían estado en la esclavitud por más de cuatrocientos años. Diez generaciones de israelitas habían sufrido maltrato y abuso. No era justo. La mayoría de ellos nació con escasez y dificultades. Ellos no lo escogieron, pero heredaron problemas y derrotas. Ya te puedes imaginar su mentalidad. *Solo somos esclavos. Tan solo somos personas pobres y derrotadas. Esto nunca cambiará. Tenemos que sufrirlo. Tenemos que soportarlo.* No veían señal alguna de que las cosas mejoraran. El faraón y su ejército, que eran los que los mantenían cautivos, tenían todo el poder, las armas y los recursos. Los israelitas no tenían nada. Pero Dios dijo: «He visto la aflicción de mi pueblo. He escuchado su clamor, y acudiré para liberarlos». Dios estaba diciendo: «Este es un nuevo días. No creé a mis hijos para que vivan en esclavitud, opresión y abuso. Los creé para ser cabeza y no cola, para estar encima y no debajo». Él no te creó para que estés atado por la depresión, la preocupación, la escasez o el maltrato. Dios te creó para que seas verdaderamente libre.

> Cuando Dios dice que es tu momento de ser libre, ni siquiera todas las fuerzas del mal pueden detenerlo.

El faraón y su ejército eran una de las potencias más poderosas de su tiempo. Los israelitas no podían hacer nada al respecto. Las probabilidades les eran contrarias, pero Dios intervino y rompió las cadenas, separó las aguas del Mar Rojo y ahogó a sus enemigos. Cuando Dios dice que es tu momento de ser libre, ni siquiera todas las fuerzas del mal pueden detenerlo. Tal vez no veas un camino. El reporte médico dice que no te pondrás bien. Tu negocio parece que no sobrevivirá. Has estado en rehabilitación, lo intentaste, pero no puedes superar la adicción. Ha pasado demasiado tiempo. La oposición es demasiado grande. Estás exactamente donde estaban los israelitas. Dios te está diciendo lo que les dijo a ellos. «He visto tu aflicción. He visto tus luchas. He visto a las personas que te partieron el corazón. He visto la preocupación, la pesadez que te acompaña. He visto tus noches en vela, las lágrimas y el sufrimiento, y he venido para poner fin a todo ello». Él no se conformará con mejorarlo, no solo te ayudará a atravesarlo, sino que serás verdaderamente libre. Está a punto de producirse un cambio en tu salud, un cambio en tu economía, un cambio en tus hijos, un cambio en tu actitud. Se acabó el vivir deprimido, derrotado, negativo y con carencia. Vas a ver la mano de Dios hacer lo que no podrías hacer por ti mismo. Será algo sobrenatural: sanidad sobrenatural, libertad sobrenatural, provisión sobrenatural, favor sobrenatural. Conocí a un hombre al que le diagnosticaron un cáncer incurable. Los doctores le dijeron que tenía que ir a Houston varios meses al año para recibir su tratamiento durante el resto de su vida. Esa era la única manera de poder controlar el cáncer. Mientras estaba en tratamiento, su esposa y él asistieron a nuestros servicios. Nunca se quejó, tenía una buena actitud y estaba agradecido por tener el tratamiento, pero era difícil para él. Su esposa decía que la quimioterapia le causaba náuseas y que le dejaba sin fuerzas. Se preguntaba cuánto tiempo podía seguir viviendo así. Yo les dije lo que te estoy diciendo

> Dios ve por lo que estás pasando. Él ve lo que te está causando dolor, que estás haciendo lo correcto cuando es difícil, que te estás esforzando al máximo cuando no ves ninguna mejora.

ahora, que Dios ve por lo que estás pasando. Él ve lo que te está causando dolor, que estás haciendo lo correcto cuando es difícil, que te estás esforzando al máximo cuando no ves ninguna mejora. No puedes cambiarlo. Está fuera de tu control. Es entonces cuando Dios, en su misericordia, actúa y dice: «Ya basta. Déjame hacer lo que solo yo puedo hacer». Tal vez la medicina no pueda hacerlo. Quizá la gente no pueda ayudarte. Has hecho todo lo posible en lo natural, pero Dios es sobrenatural. Un toque de su favor y todo cambiará. Un toque de su sanidad, un toque de su provisión, un toque de su bondad y, como los israelitas, serás verdaderamente libre.

Este hombre regresó a Houston para su tercer año de tratamiento. Le hicieron todas las pruebas pertinentes. Él estaba preparado para hacer lo que había hecho durante los dos años anteriores, que era soportar y sufrir los tratamientos de quimioterapia. El médico principal entró en la misma habitación de siempre rascándose la cabeza. Dijo: «¿Ha hecho usted algo diferente? ¿Ha cambiado su alimentación, ha tomado otra medicina, encontró otro tratamiento?». El hombre dijo: «Lo único que hice fue seguir orando y creyendo que Dios me sanaría, qué Él abriría un camino donde yo no veo ninguno». El médico dijo: «Pues debe de estar funcionando, porque no puedo encontrar ninguna señal de cáncer en su cuerpo». El hombre regresó un año después para su revisión. Sin indicios de cáncer. Le dijeron: «No es necesario que regrese otra vez. Está usted perfectamente sano». Dios tiene la última palabra. Él puede hacer lo que la medicina no puede hacer.

El que rompe las cadenas

> ¿Hay algo que te esté obstaculizando, algo que pareces no poder superar?

¿Hay algo que te esté obstaculizando, algo que pareces no poder superar? Tal vez es una actitud negativa, rencor o una adicción. Quizá no consigues avanzar. Das un paso hacia adelante y dos hacia atrás. Es como si te siguiera un espíritu de carencia dondequiera que vas. Así ha sido hasta ahora, pero está a punto de producirse un cambio, un avance, un giro. No es que vayas a ser un poco mejor, parcialmente libre, casi libre, o que vayas a poder decir: «No me puedo quejar». No, es que serás verdaderamente libre, abundantemente libre, totalmente libre. Eso significa ser libre de un espíritu de preocupación, de ver siempre lo negativo. Serás libre de ese mal humor, ese espíritu de ira que siempre ha habido en tu línea familiar. Se va a detener contigo. Serás libre de la amargura y de estar resentido.

> Fortalezas están cayendo. Se están rompiendo las cadenas. Se están levantando las limitaciones.

Has intentado perdonar en el pasado pero no pudiste hacerlo. Dios está a punto de soplar hacia ti. Tendrás una nueva fortaleza para hacer lo que pudiste hacer hasta ahora. Serás libre de la culpa, de vivir con reproches, de flagelarte, de pensar que no mereces ser bendecido. Esas fortalezas están cayendo. Se están rompiendo las cadenas. Se están levantando las limitaciones. Lo que te retuvo en el pasado ya no volverá a retenerte nunca más.

Eso no sucederá por tu propia capacidad o fuerza de voluntad. Quizá lo has intentado, y no funcionó. Te sientes limitado, como si estuvieras en desventaja, a merced de eso que está en tu contra. No pasa nada. Lo hará el Espíritu de Dios Altísimo. En su gran misericordia, Él te hará libre de toda atadura y libre de toda restricción. Estás a punto de entrar en nuevos niveles de libertad, paz, productividad y satisfacción. Las fuerzas que te habían estado deteniendo, drenando tu gozo, tu creatividad y tu potencial, ahora han sido quebrantadas. Ahora tienes que hacer tu parte y estar de acuerdo con Dios. No dejes pasar un solo día más con una mentalidad antigua que piensa: «No sé, Joel. He luchado con esta depresión, esta soledad, este compromiso por mucho tiempo. Creo que siempre me limitará». No, voltea eso y di: «Padre, gracias porque soy libre. Este es un nuevo día. Las cosas han cambiado a mi favor. Gracias porque me estás liberando para que aumente, para que tenga abundancia, buena salud, buenas relaciones y la plenitud de mi destino».

No fuiste creado para pasar la vida luchando, para que el pensamiento negativo te limite o para que el mal humor, la inseguridad o la escasez te acompañen. Esas son ataduras que el enemigo usa para intentar impedir que alcances tu destino. La buena noticia es que el enemigo no tiene el control de tu vida. Dios sí lo tiene. Dios es el que rompe las cadenas. Él es el que elimina tu carga. Él es quien destruye el yugo. Él dijo: «Acudiré para quitarte lo que el enemigo puso sobre ti». La victoria comienza en nuestra mente. Empieza en nuestro pensamiento. La actitud

> **No fuiste creado para pasar la vida luchando, para que el pensamiento negativo te limite o para que el mal humor, la inseguridad o la escasez te acompañen.**

correcta es: *Yo nací para ser libre. Nací para estar sano. Nací para ser bendecido. Nací para ser victorioso.*

«¿Quieres ser sano?»

En Juan 5 vemos a un hombre que había estado paralítico por treinta y ocho años. Cada mañana, su familia lo llevaba hasta el estanque de Betesda, que era conocido por sus aguas sanadoras. Una vez al año, cuando el ángel movía las aguas, la primera persona que llegaba al agua era sanada. Había todo tipo de enfermos allí: ciegos, paralíticos y lisiados. Cada día esperaban, mirando al agua fijamente, todos ellos con la esperanza de ser sanados. Una tarde, Jesús pasaba por el estanque y vio a este hombre. La Escritura dice: «Este hombre tenía un trastorno profundamente arraigado y persistente». No era que llevara enfermo una semana o que tuviera un problema durante un mes. Era un problema que le había afectado por treinta y ocho años. Podrás imaginar su mentalidad. *Esto es lo que me ha tocado en la vida. No cambiará nunca.* De todas las personas allí presentes, Jesús se acercó a este hombre y le preguntó: «¿Quieres ser sano?». Parece una pregunta un tanto extraña. Era obvio que quería ser sano; por eso iba al estanque cada día. Pero el hombre respondió: «¿Cómo podría ser sano? No tengo a nadie que me ayude a llegar hasta el agua. Estoy lisiado. Siempre hay alguien que se me adelanta».

No culpo al hombre. Sencillamente lo estaba viendo en el plano natural. Estaba pensando: *He tenido este problema casi toda mi vida. Después de treinta y ocho años, ¿cómo puedo ser sano?* En ocasiones, consideramos que este hombre era dudoso y negativo, pero la verdad es que era fiel. Se levantaba cada mañana, se vestía, hacía que su familia lo llevara al estanque, y se sentaba allí con la esperanza de que de algún modo podría suceder. No es que se hubiera conformado, que se quedara sentado en su casa quejándose o habiéndose rendido. Hacía todo lo que podía y sabía, pero no conseguía superar este problema persistente. Como este hombre, la mayoría de las personas están lidiando con un problema persistente, con un problema que no desaparece. Tal vez es ansiedad, un problema en nuestro matrimonio, una adicción, una enfermedad. Hemos hecho lo que hemos podido. Dios sabe que hemos orado. No hemos perdido la fe. Dijimos que no íbamos a volver a caer en la tentación, pero no fuimos lo suficientemente fuertes. No nos acomodamos. Seguimos yendo al trabajo, seguimos yendo a la iglesia, seguimos ofreciéndonos como voluntarios, seguimos siendo buenos con otras personas, y todo ello mientras lidiamos con este problema persistente. Tal vez nadie más lo puede ver. Es la soledad que enfrentamos en la noche. Es el dolor que sentimos por el trauma del pasado. Son los sentimientos de inseguridad que no desaparecen.

> Como este hombre, la mayoría de las personas están lidiando con un problema persistente, con un problema que no desaparece.

Jesús pudo haber mirado al hombre y decir: «Si tan solo hubieras dicho: "Sí, quiero ser sano", yo te habría sanado. Si tan solo hubieras tenido más fe, si no hubieras puesto excusas, si no lo hubieras visto solo desde el lado natural, te habría liberado de esa enfermedad». Pero nuestro Dios está lleno de misericordia. Él conoce el peso de lo que estás llevando, tu lucha, el sacrificio. Él sabe que lo estás intentando con todas tus fuerzas mientras lidias con ese problema persistente, ese hijo que se ha apartado del buen camino, un

> Dios te ve en el estanque. Él te ve alabando en el dolor, sonriendo cuando te sientes desanimado, llevando la carga de otros cuando tú necesitas ser cargado.

matrimonio falto de amor, una adicción que controla tu vida. Dios te ve en el estanque. Él te ve alabando en el dolor, sonriendo cuando te sientes desanimado, llevando la carga de otros cuando tú necesitas ser cargado.

Es interesante que Jesús nunca respondió a lo que el hombre dijo. Nunca habló de su falta de fe. Simplemente lo miró y dijo: «Levántate, toma tu lecho, y anda». Al instante, el hombre fue sanado. Se levantó y salió de allí por primera vez en treinta y ocho años. ¿Te imaginas cuando su familia llegara para recogerlo como habían hecho año tras año? En cambio, lo vieron corriendo hacia ellos. Casi mueren del susto. No se lo esperaban. Eso es lo que significa ser verdaderamente libre. Nadie dudará de la bendición de Dios sobre tu vida. No solo serás tú quien lo ve, sino que otras personas también lo verán.

Algo que nos muestra esta historia es que nada es permanente. Nunca es demasiado tarde para que Dios lo cambie. Tal vez estás lidiando con un problema persistente. En lo natural, quizá nunca se arregle. Tu mente te dice: *Siempre has batallado con tu autoestima. Siempre te sentirás inferior, sin valor.* No creas esas mentiras. Tu tiempo se acerca. Dios no se ha olvidado de ti. Él ya está de camino. No estarías leyendo esto si Él no estuviera a punto de poner fin a ese problema persistente. La adicción, la ansiedad, la dificultad financiera, el problema relacional, o el dolor del pasado que te ha retenido por tanto tiempo está a punto de cambiar de repente. Dios va a intervenir y hacer lo que nunca viste llegar. Es algo que te sorprenderá, algo que te catapultará a un nuevo nivel de tu destino, donde podrás hacer lo que nunca pensaste que harías. Este hombre nunca había soñado con volver a caminar, jugar a la pelota con

> Incluso cuando no tenemos la fe, incluso cuando no creemos como deberíamos, Él sigue actuando y liberándonos, sanándonos, mostrándonos favor.

sus hijos, bailar con su esposa o pasear por la playa. Eso es la misericordia de nuestro Dios. «Joel, eso suena muy bien, pero no sé si tengo la fe suficiente. No sé si puedo creer esto». Este hombre tampoco lo creía, lo cual nos muestra la bondad de nuestro Dios. Incluso cuando no tenemos la fe, incluso cuando no creemos como deberíamos, Él sigue actuando y liberándonos, sanándonos, mostrándonos favor.

¿Qué podrías llegar a ser?

¿Qué podrías llegar a ser si no tuvieras ese problema persistente que te retiene, ese pequeña voz que te ha convencido de que no tienes el talento necesario, que no tienes lo que hay que tener, que has cometido demasiados errores? ¿Hasta dónde podrías llegar si no tuvieras ese mal genio que te obstaculiza? ¿Cómo sería tu vida si no cayeras en la tentación o pudieras perdonar a las personas que te ofendieron? O quizá son cosas con las que naciste: escasez, depresión, adicciones, vivir con culpa y vergüenza. La buena noticia es que Dios no te dejará con ese problema persistente. Ya ha estado contigo el tiempo suficiente. Este es tu momento para ser verdaderamente libre. No será algo que te hará decir: «Me va mejor, estoy bien. No tengo tantos problemas». No, prepárate para una libertad total. Te levantarás, recogerás tu lecho y caminarás.

Jesús podría haberle dicho al paralítico: «Te voy a dar un lecho mejor sobre el que acostarte. Voy a conseguirte más ayuda, mejores amigos, mejor transporte». Sin embargo, la idea de Dios de la libertad no es que estés más cómodo en tu disfunción. Es liberarte de ella. Es situarte en un

> La idea de Dios de la libertad no es que estés más cómodo en tu disfunción. Es liberarte de ella.

camino totalmente nuevo en el que puedas mirar atrás y decir: «Ese problema persistente ya no es persistente. Se ha ido. Soy libre. Estoy sano. Estoy seguro. Mi matrimonio está sano. Mis hijos están bendecidos. Mi carrera está prosperando. Mi mente está en paz. Estoy lleno de gozo y cumpliendo mi propósito».

> A veces, un problema persistente es solo una presión subyacente, preocupaciones, pensar siempre que algo va mal.

A veces, un problema persistente es solo una presión subyacente, preocupaciones, pensar siempre que algo va mal. No comprendemos cuánto gozo y creatividad nos roba eso. Cuando comencé a ministrar por primera vez, me resultaba difícil, pero Dios me dio gracia y la iglesia comenzó a crecer. Nuestros programas televisivos aumentaron. Cadenas de todo el país ponían nuestro programa. Mis libros comenzaron a despegar. Conseguimos el Compaq Center. Fue más de lo que podría haber imaginado. Sin embargo, a pesar de todo el crecimiento y todo el favor, en mi interior tenía la sensación de que algo podía salir mal. A medida que conseguíamos más influencia, había más oposición. Había personas a las que no les gustaba lo que estábamos haciendo. Prácticamente cada semana oía que otro ministro u otro grupo estaba hablando de nosotros negativamente. Sabía que Dios estaba en control, y sabía que Él peleaba nuestras batallas, pero aún tenía esa presión, esa inquietud, hasta el punto de que tuve que pelear contra la preocupación. Seguía pensando: *¿Y si no funciona? ¿Qué pasará si no sé de qué hablar la próxima semana? ¿Y si no tenemos ingresos? ¿Qué sucederá?*

Pasaron once años. Tan solo aprendí a lidiar con esa presión y no sucumbir ante esos pensamientos; sin embargo, una mañana en el 2010 me desperté y noté que la presión había desaparecido. No sentía esa sensación de preocupación, ese sentimiento de que algo podía salir mal, ni en lo más mínimo. Era como si me hubieran quitado un peso de encima. Sentí que Dios me decía: «Joel, lo que yo he bendecido nadie lo puede maldecir. Yo te he puesto en esta posición, y puedes estar seguro de que te mantendré en esta posición». No había sido capaz de deshacerme de esa presión, pero el Dios Altísimo intervino y dijo: «Este

> **Dios pondrá fin a cosas que te roban el gozo, la creatividad, que te impiden caminar en la plenitud de la bendición.**

problema persistente se termina ya». Tú vas a ver algunos de estos mismos cambios. Dios pondrá fin a cosas que te roban el gozo, la creatividad, que te impiden caminar en la plenitud de la bendición. Una cosa es ser bendecido y exitoso, y otra cosa que algo interfiera hasta un punto en el que no puedas difrutar realmente de la bendición. Tal vez es un problema familiar, una adicción, una mentalidad que se preocupa, o reproches del pasado. Quizá están ahí ahora, pero no es así como termina tu historia. Dios conoce exactamente lo que te está estorbando. Él actúa para hacer algo al respecto.

Tu séptimo año

En Deuteronomio 15, Dios le dio a Moisés una ley para los israelitas que decía que cada siete años había que liberar a todos los esclavos hebreos. Si eras hebreo y le debías dinero a alguien pero no podías pagarle, esa persona podía tomarte como esclavo y hacer que trabajaras hasta que le pagaras tu deuda; sin embargo, cada siete años, si eras parte del pueblo escogido de Dios, tenías una ventaja. Eras liberado. No importa cuánto dinero debieras, no importa el tamaño de la deuda, había libertad al séptimo año. En un día, todo el dolor, sufrimiento y aflicción desaparecían. Esto nos muestra que Dios nunca quiso que su pueblo fuera esclavo de nadie permanentemente. Hizo que Moisés escribiera esta ley para que no vivieran con un problema persistente: esclavo de la deuda, esclavo de una adicción, esclavo de la preocupación.

> **Dios está a punto de aligerar tu carga. Vas a ver una unción de facilidad. Dios está soplando hacia ti.**

Quizá estás lidiando ahora mismo con cosas negativas, pero creo que estás llegando a tu séptimo año. Verás a Dios romper limitaciones, liberarte de lo que te estorba, levantar la carga de lo que te ha estado desgastando. Como Dios hizo conmigo cuando de repente sentí que me había quitado un peso, Dios está a punto de aligerar tu carga. Verás una unción de facilidad. Dios está soplando hacia ti. Las cosas están a punto de cambiar. Donde había un espíritu de preocupación e inseguridad, donde había noches en vela, ahora habrá paz, descanso, una nueva sensación de gozo. Pasarás de estar estresado por tus hijos a disfrutar de tus hijos. Pasarás de preocuparte por una enfermedad a tener una salud estupenda. Pasarás de tener escasez, de no tener suficiente, a la abundancia, a un desbordar, a poder ser de bendición para otros.

Prepárate para un séptimo año. No es una libertad parcial, no es ser un poco mejor, sino ser verdaderamente libre. Dios está haciendo algo nuevo. Estás entrando en una nueva etapa. Creo y declaro que toda limitación que te ha estado reteniendo está siendo quebrantada en este instante. Cosas están cambiando. Fortalezas están cayendo. Se está liberando favor. Problemas persistentes están llegando a su fin. Vas a entrar en nuevos niveles de libertad, nuevos niveles de paz, nuevos niveles de oportunidad. En este séptimo año, aquello con lo que solías batallar dejará de ser un problema.

> **No es una libertad parcial, no es ser un poco mejor, sino ser verdaderamente libre.**

CAPÍTULO OCHO

Creer sin una señal

El futuro asombroso que Dios ha planeado para ti
y hacia el que te está llevando, requiere de ti que
no te dejes llevar por lo que no ves y que confíes en Él
cuando no haya evidencia.

Todos tenemos sueños y metas, promesas en las que creemos y estamos firmes. Cuando vemos el favor de Dios, puertas abiertas, mejoría de nuestra salud, cuando llegan las personas correctas, es fácil creer. Sabemos que Dios está actuando. Pero a veces estamos poniendo nuestro mejor empeño, orando y creyendo, pero no sucede nada. Las normas en la empresa cada vez son peores, el matrimonio de tu hija está a punto de romperse, tu barrio que antes era seguro ha dejado de serlo. No hay evidencia de que nada vaya a cambiar. Es fácil desanimarse y rendirse en cuanto a aquello que estamos creyendo. Pero la Escritura dice: «La fe es la convicción de lo que no se ve». Si puedes verlo, no necesitas la fe. Si tienes la evidencia, es fácil estar animado; sin embargo, para llegar a tu destino habrá veces en las que no hay evidencia. Las circunstancias dicen: «Nunca te pondrás bien, nunca conocerás a la persona indicada, nunca alcanzarás tu sueño. No estás mejor que hace un

> La Escritura dice: «La fe es la convicción de lo que no se ve».

año atrás». Pensamos: *Dios, si tan solo me dieras una señal. Si tan solo me dejaras saber que estás obrando, si solo pudiera ver que algo mejora, creería.* Es aquí cuando tienes que plantarte firme y decir: «No tengo que tener la evidencia. No me muevo por lo que veo; me muevo por lo que sé. Dios, sé que eres fiel a lo que has prometido».

Solo porque no veas una señal no significa que Dios no está actuando. No creas la mentira de que no está ocurriendo nada. En el ámbito invisible Dios está ordenando cosas a favor tuyo, alineando la sanidad, a las personas correctas, el ascenso. Cuando no puedes ver que esté ocurriendo nada, Dios te está mostrando que confía en ti. No tienes que verlo todo para seguir avanzando. Has madurado al punto de caminar por fe y no por vista. Donde Dios te está llevando, el asombroso futuro que ha planeado para ti, requerirá que creas sin una señal, que confíes en Él cuando no haya evidencia. Si tienes que ver todo para mantenerte animado, si tienes que verlo para seguir creyendo, eso limitará la altura que puedas alcanzar. Tienes que pasar la prueba de mantenerte en fe cuando nada está mejorando, dando gracias a Dios cuando todas las circunstancias dicen que todo seguirá igual.

Quizá estás en ese punto ahora. Has estado orando y creyendo, pero no parece que esté sirviendo para nada. No ves ninguna evidencia. Es como si Dios estuviera de vacaciones, como si ni siquiera escuchara tus oraciones. El silencio no significa que Dios se haya olvidado de ti. Él ve tu fidelidad. Él ve que estás haciendo lo correcto cuando es difícil. Cuando podrías haber abandonado, fuiste la milla extra y seguiste creyendo. Cuando tenías ganas de quejarte, seguiste alabando. Cuando tu mente te decía que nunca iba a suceder, seguiste dando gracias a Dios por estar obrando. Permíteme animarte al decirte que tu tiempo se acerca. Lo que Dios te prometió está de camino. No te dejes

> **El silencio no significa que Dios se ha olvidado de ti. Él ve tu fidelidad.**

convencer de lo contrario. No permitas que la gente, las demoras o la duda hagan que te rindas. Tu cambio de rumbo ya está programado. Tu milagro ya se ha puesto en acción. Parece que no está sucediendo nada, pero de repente se va a producir el cambio, de repente el sueño se cumple, de repente aparece la persona indicada.

Cuando Jesús resucitó de la muerte, le dijo a Tomás: «Porque me has visto creíste. Dichoso aquel que aun sin verme creyó». Tú no lo has visto, pero sigues creyendo. Dios dice que hay una bendición de camino. Como crees sin la evidencia, crees sin la señal, el favor está de camino, la sanidad está de camino, la victoria está de camino. No seas como Tomás, y digas: «Dios, muéstrame una señal y entonces creeré. Cuando mejoren mis circunstancias,

> **Dios busca personas que no se dejen llevar por lo que no ven, que no necesitan que la evidencia les demuestre que Dios está obrando.**

mantendré la fe. Cuando abras esta puerta, sabré que estás actuando». Dios busca personas que crean sin una señal. Dios busca personas que no se dejen llevar por lo que no ven, que no necesitan que la evidencia les demuestre que Dios está obrando.

Que tu señal sea la fidelidad de Dios

En 2 Reyes 20, el rey Ezequías se puso muy enfermo. Estaba a punto de morir cuando el profeta Isaías apareció en el palacio. Estoy seguro de que estaba esperando buenas noticias. *Tal vez Isaías profetizará que las cosas están a punto de cambiar, que me voy a poner bien.* Pero no era lo que en verdad estaba pensando. Isaías dijo: «Rey Ezequías, tengo una palabra del Señor para ti. Dios dice: "Ordena tu casa, porque de cierto morirás"». Isaías no dijo: «No tiene buena pinta, rey. Puede que mueras. Es probable que no superes esto». No, no había duda. «Este es el final para ti, Ezequías. No te recuperarás de esta enfermedad». Ezequías pudo haberse deprimido y haberse rendido a la muerte, pero de inmediato comenzó a orar mientras Isaías se alejaba. Le recordó a Dios todo lo bueno que él había hecho, que había derribado los altares paganos y eliminado todos los ídolos. Derramó su corazón y le pidió a Dios que en su misericordia le perdonara la vida. Antes de que Isaías abandonara los recintos del palacio, Dios cambió de opinión y le dijo a Isaías que regresara y le diera este nuevo reporte. Isaías le dijo: «Ezequías, el Señor dice que ha escuchado tus oraciones, y te va a sanar. En tres días te levantarás de esta cama, y Él te añadirá quince años de vida». Te imaginarás cuán emocionado y exultante estaba Ezequías. Acababa de recibir la asombrosa promesa de que su sentencia de muerte había sido revocada.

Sin embargo, el rey Ezequías era como la mayoría de nosotros. Cuando se le pasó la emoción, comenzó a pensar: *¿Cómo sé que me voy a poner bien? Tengo el mismo aspecto. No me siento mejor. No ha cambiado nada.* Las dudas comenzaron a llegar. *¿Realmente va a suceder? ¿Estás seguro de que eso fue lo que Dios dijo?* Ezequías le dijo a Isaías: «¿Qué señal me dará el Señor para demostrar que me pondré bien?». Lo que estaba diciendo era: «Isaías, agradezco lo que me has dicho. Me anima mucho, pero necesito alguna evidencia. Tengo que ver algo, y entonces lo creeré. Necesito que Dios demuestre que lo va a hacer». Isaías dijo: «De acuerdo, Dios te dará una señal. ¿Quieres que la sombra del reloj solar vaya diez grados hacia adelante o hacia atrás?». Ezequías dijo que hacia atrás. Ellos observaron mientras la sombra desafiaba todas las probabilidades y regresaba hacia atrás.

Dios es misericordioso. A veces te dará una señal, aunque digas: «Dios, demuéstrame que vas a hacer lo que dijiste. Necesito alguna evidencia. Si no veo algo, no lo creeré». Pero este es mi punto: si vives con esta mentalidad, si siempre dependes de una señal, no alcanzarás la plenitud de tu destino. Quizá estás orando por una señal, pero no ves nada. El reloj solar no se retrasa. La actitud correcta es: *Dios, no tengo que tener una señal. No tienes que demostrarme que vas a hacerlo. Ya me has demostrado quién eres. Ya has abierto caminos donde yo no veía un camino. Tú ya has abierto puertas que yo no podía abrir. Ya has derrotado gigantes mucho más grandes. Ya has roto cadenas que yo nunca podría romper. Dios, confío en ti sin ninguna evidencia. No soy como Tomás. No tengo que verlo para creerlo. No soy como Ezequías. No tienes que demostrarme que eres fiel. Tú ya te has mostrado fiel.*

> **Si siempre dependes de una señal, no alcanzarás la plenitud de tu destino.**

Es estupendo cuando recibes una señal, pero no confíes en una señal. No te vuelvas dependiente de ver para después creer. Para eso no se necesita fe. Tu fe entra en acción cuando no hay evidencia. En lugar de pedirle a Dios que te demuestre que lo va a hacer, ¿por qué no lo volteas y le demuestras a Dios quién eres? Demuéstrale que no te vas a dejar mover por lo que no ves. Demuestra que no vas a abandonar porque las cosas no están cambiando. Demuestra que vas a mantenerte en fe cuando todas las circunstancias dicen que nunca va a suceder.

Lo interesante es que, justo antes de que el rey Ezequías enfermara, acababa de presenciar la mayor victoria de su vida. El ejército asirio salía contra él y el pueblo de Judá. Su ejército era mucho más grande, mucho más poderoso y tenía más recursos. La noche antes de que los asirios salieran a atacarlos, el ángel del Señor entró en su campamento y mató a 185 000 soldados. Los otros huyeron para salvar sus vidas. Ezequías y el pueblo de Judá fueron librados. Uno pensaría que Ezequías no necesitaría ninguna señal. Acababa de ver una victoria sobrenatural. Vio como Dios actuó; pero ¿cuántas veces olvidamos lo que Dios ha hecho? Al igual que

> **¿Cuántas veces olvidamos lo que Dios ha hecho?**

Ezequías, Dios ha obrado y ha cambiado las cosas a nuestro favor. Nos ha sanado, protegido, liberado, ascendido. Si necesitas una señal, mira atrás para ver la bondad de Dios en tu vida. Mira atrás a esas veces en las que te ayudó en la enfermedad, te dio fuerzas cuando no pensabas que podrías continuar, cuando te ascendió a pesar de que no eras el siguiente en la fila, cuando cambió a tu hijo, cuando trajo alguien bueno a tu vida a quien amar, cuando esa buena racha hizo que tu negocio despegara. Cuando necesites evidencia, mira atrás para ver la fidelidad de Dios.

Sé un Elías, no un Ezequías

Esto es lo que hizo el profeta Elías. Profetizó que habría una gran hambruna en Israel por la idolatría que había en la tierra, y durante tres años y medio no había llovido. No había agua ni cosechas, y la gente apenas podía sobrevivir. Cuando no había cambiado nada en medio de la sequía, Elías apareció y dijo: «Oigo el sonido de abundancia de lluvia». Era tan osado que fue y le dijo al rey Acab: «Esta sequía va a terminar. La lluvia está en camino». Cuando dijo eso, no había ni una nube en el cielo. Dios pondrá cosas en tu espíritu que contradigan lo que ves. Él escuchó abundancia de lluvia, pero veía tierra estéril, cosechas resecas, sequía y hambruna. La clave es esta: no dejes que lo que ves nuble lo que has oído. Si siempre estás buscando una señal, te desanimarás. «Escuché lluvia, pero veo sequía. Escuché sanidad, pero veo enfermedad. Escuché abundancia, pero veo escasez. Joel, escuché libertad, pero lo único que veo es disfunción, adicciones y depresión. Cuando vea algo diferente, creeré. Cuando tenga alguna evidencia, comenzaré a tener esperanza».

No, no seas un Ezequías. Sé un Elías. No tienes que tener una señal. Dios no tiene que demostrarte que va a hacer lo que ha prometido. Tú has visto su fidelidad. Tienes un historial con Él. Ha hecho cosas a lo largo de tu vida que nunca habrías podido hacer por ti mismo. Ahora haz tu parte y cree sin una

> **No dejes que lo que ves te haga dudar de lo que has oído en tu espíritu.**

señal. Mantén tu fe en alto cuando no haya evidencia. No dejes que lo que ves te haga dudar de lo que has oído en tu espíritu. Es muy poderoso cuando dices: «No veo ninguna señal de lo que estoy creyendo, pero está bien. No necesito una señal. Sé que Dios está en el trono. Sé que Él está en control. Sé que Él siempre termina lo que comienza».

Tras declarar al rey Acab que la lluvia estaba en camino, Elías subió a la cima del Monte Carmelo para orar. Se postró y comenzó a dar gracias a Dios porque venía la lluvia, porque lo que había oído en su espíritu estaba en camino. Le pidió a su ayudante que fuera al otro lado del monte y comprobara si había alguna señal de lluvia. Elías no dependía de una señal;

> **Él siguió buscando la lluvia, esperando la lluvia, hablando como si la lluvia fuera a llegar.**

estaba esperando la lluvia y buscando la bondad de Dios. Eso es distinto a decir: «No creeré a menos que tenga una señal». Su actitud era: *Sé que Dios está actuando. Podría ocurrir en cualquier momento. Sé que la lluvia está en camino.* Él tenía esta confianza, esta fe inconmovible. El ayudante regresó y dijo: «Lo siento, Elías, pero no hay nubes. El cielo está totalmente claro». Si hubiera podido mirar el radar de la meteorología, no habría visto nada. Elías no se deprimió y dijo: «Dios, debo haber escuchado mal». No, él siguió dando gracias a Dios porque la lluvia estaba en camino. No dejó que la falta de evidencia le convenciera de que no iba a ocurrir. Él siguió buscando la lluvia, esperando la lluvia, hablando como si la lluvia fuera a llegar.

Me imagino al rey Acab riéndose y diciendo: «Elías, ¿dónde está esa lluvia de la que hablabas? Me pareció oír que decías que habría abundancia. No me ha caído ni una gota». Elías le habría respondido: «Acab, no estoy preocupado. No necesito una señal para creer. No dependo de la evidencia. Sé que lo que Dios me ha dicho se cumplirá».

> No dejes que los cielos claros te engañen. Dios puede cambiar las cosas de repente.

Elías envió a su ayudante de nuevo para ver si veía algún indicio de lluvia, pero cada vez que iba regresaba con la misma noticia: ni una nube en un cielo totalmente despejado. Sucedió así seis veces, y ninguna señal. Seis veces, y nada había cambiado. Seis veces, y el mismo reporte negativo. Imagino que Elías tendría pensamientos que le decían: *No va a suceder. Acéptalo. No llega la lluvia.* Tal vez te encuentras en la misma situación que Elías. Sabes lo que Dios te ha prometido: salud, libertad, abundancia, un cónyuge, un hijo, pero has estado mirando, esperando en fe y dando gracias a Dios, pero no hay evidencia. Nada mejora. Todavía no hay buenas rachas. Es ahí cuando tienes que mantenerte firme y decir: «Dios, no soy movido por lo que no veo. Sé que eres un Dios fiel. Voy a seguir mirando, a seguir esperando, a seguir alabando, a seguir declarando que está en camino». No dejes que los cielos claros te engañen. Dios puede cambiar las cosas de repente. Él controla el universo. Un toque de su favor, y verás la abundancia de lluvia. Cuando no veas señal alguna, es una prueba. ¿De qué estás hecho? ¿Te vas a rendir, a desanimar, a conformarte con la mediocridad, o vas a hacer lo que hizo Elías y a seguir creyendo a pesar de lo que ves?

La séptima vez, el ayudante regresó y dijo: «Elías, esta vez vi una nube muy pequeña en el horizonte, del tamaño de la palma de la mano de un hombre». Poco después, el cielo se abrió y se produjo un gran chaparrón, y los tres años y medio de sequía terminaron de repente. Como Elías, tú también has sido fiel. Has creído cuando las circunstancias decían que no iba a suceder. No escuchaste a los detractores, no te dejaste convencer de lo contrario, y has estado buscando la bondad de Dios. Creo que estás a punto de entrar en tu séptima vez. Estás a punto de ver cómo se abren las ventanas del cielo. Estás a punto de ver algo mejor de lo que habías imaginado, más satisfactorio, más reconfortante. La Escritura dice: «Hubo una gran lluvia». Dios va a hacer algo extraordinario en tu vida, algo fuera de lo común, algo que superará tus expectativas.

Una fe inconmovible

Es significativo que el ayudante de Elías, alguien cercano a él, siguieran dándole la noticia de que no iba a suceder. «Elías, no hay nubes». Él no quería ser negativo. Solo estaba reportando los hechos; sin embargo, a veces las personas más cercanas a ti intentarán convencerte para que desistas de lo que Dios puso en tu corazón. Puede que tengan buena intención, pero ellos no escucharon lo que Dios te dijo a ti. Te seguirán diciendo lo que ellos ven. No puedes permitir que sus comentarios negativos y sus dudas ahoguen lo que tú has oído. «¿Aún crees que te vas a poner bien? Ha sido una batalla muy larga». «¿Realmente crees que tu hijo regresará al buen camino? Le va peor que nunca». «¿Crees que vas a tener un buen año? No lo veo según está la economía. El precio de los combustibles y la inflación te están perjudicando». Están viendo solo lo natural, pero servimos a un Dios sobrenatural.

Habrá épocas como las que experimentó Elías cuando estás buscando, esperando y creyendo, pero una y otra vez no hay señal, no hay mejora. ¿Y si la cuarta vez Elías le hubiera dicho a su ayudante: «Imagino que tienes razón. No va a llover»? ¿Qué

> **¿Y si la cuarta vez Elías le hubiera dicho a su ayudante: «Imagino que tienes razón. No va a llover»?**

habría pasado si la quinta vez se hubiera desanimado y hubiera dicho: «Dios, creí que había oído tus palabras, pero a estas alturas ya debería haber ocurrido. Al menos debería ver algunas nubes, algo de viento, alguna señal de que las cosas están a punto de cambiar». Tal vez estás en ese punto ahora mismo, en esa cuarta vez, sin ninguna evidencia de cambio. Después llega tu quinta vez, y todavía no hay señal. En tu sexta vez, y el cielo sigue azul. No te rindas ahora. Esas son pruebas. Sí, sería mucho más fácil si siempre recibiéramos una señal como le sucedió a Ezequías, pero nunca creceríamos. No alcanzaríamos todo nuestro potencial. Para llegar donde Dios te está llevando necesitarás una fe inconmovible. No te dejarás llevar por lo que ves ni te desanimarás por una falta de evidencia.

> Te diriges hacia una abundancia de lluvia, una abundancia de gozo, una abundancia de favor, una abundancia de recursos.

Sé que no eres un Tomás, que dice: «Señor, muéstrame y creeré». Sé que no eres un Ezequías, que dice: «Dios, dame una señal y confiaré en ti». Sé que eres un Elías, que dice: «Dios, creo sin una señal». Sigue esperando lluvia aunque tus cielos estén despejados. No dejes que la gente, la duración del proceso, las demoras o lo que no esté ocurriendo haga que te olvides de lo que oíste en tu espíritu. Te diriges hacia una abundancia de lluvia, una abundancia de gozo, una abundancia de favor, una abundancia de recursos. Te diriges a algo extraordinario, fuera de lo común, que llevará a tu familia a un nuevo nivel.

Tu séptima vez está llegando

Justamente después de conseguir el edificio de nuestra iglesia, el antiguo Compaq Center, una enorme empresa de bienes raíces que poseía todas las propiedades alrededor del edificio nos demandó para intentar impedir que nos mudáramos. Acabábamos de obtener una gran victoria por la compra, y enseguida descubrimos que el proceso estaba detenido en los juzgados y no podíamos seguir avanzando. Nuestros abogados nos dijeron que podía tardar hasta diez años en resolverse. Se habían reunido con la otra parte, pero ellos no tenían prisa por hacer nada. De hecho, cuanto más se retrasara todo, más en desventaja estábamos nosotros. Nuestro abogado principal llamó y dijo: «Joel, se están empleando a fondo. No quieren ni hablar ni negociar. Son tercos». Pasó un mes, y no ocurría nada. Dos meses... tres meses... cuatro meses... cinco meses y nada. No había ni una nube en el cielo. No había evidencia de que fuera a salir bien algún día. Tuve que hacer lo que te estoy pidiendo a ti que hagas. Seguí dando gracias a Dios. «Padre, no soy movido por lo que no veo. No necesito una señal. No busco evidencia. Sé que cuando sea tu tiempo, todas las fuerzas de la oscuridad no podrán impedir lo que tú has ordenado para nosotros».

La duda intentó llegar, hubo pensamientos negativos, y algunas personas intentaron convencernos para que desistiéramos. Nuestro abogado principal me preguntó: «¿Y si consigo que te den los fondos necesarios para construir un edificio como este en algún otro lugar?». Le dije: «No queremos ningún otro lugar». Este edificio es un emblema en Houston. Dos millones de habitantes de Houston acudieron a este edificio cada año durante treinta años. No dejes que la falta de evidencia te haga rebajar tus sueños. No te conformes con la mediocridad. Lo que Dios tiene para ti necesitará resistencia por tu parte, determinación y perseverancia. Tienes que tener una decisión tomada. No te pueden convencer de otra cosa.

> Lo que Dios tiene para ti necesitará resistencia de tu parte, determinación y perseverancia. Tienes que tener una decisión tomada.

No te puedes dejar llevar por lo que ves. Lo que ves quizá contradice lo que Dios puso en tu corazón. Tal vez no ves que nada mejora. Yo no veía que el otro lado cediera. No veía señal alguna de progreso. Como Elías, escuchamos un no por tercera vez, por cuarta vez y por quinta vez. No había ninguna evidencia de movimiento, ni de algún tipo de cesión. Pero, si te mantienes en fe, entrarás en esa séptima vez en la que las cosas cambian de repente. Se abren puertas repentinamente. Las personas incorrectas desaparecen del camino repentinamente. Tu salud comienza a cambiar repentinamente.

De manera inesperada un día, casi dos años después, nuestro abogado dijo que la otra parte había llamado porque quería reunirse con nosotros. Me dijo: «Joel, no te hagas muchas ilusiones. Probablemente es una estrategia para distraernos». Él no comprendía que mi esperanza siempre había estado viva. Durante dos años estuve dando gracias a Dios, buscando su bondad, esperando su favor. Cuando nos reunimos con el presidente ejecutivo de la compañía, lo primero que dijo fue: «Joel, te veo en televisión todas las semanas, y mi yerno es pastor de jóvenes». Dios sabe cómo traer a las persona correctas en el momento preciso. Veinticuatro horas después, había aceptado dejarnos tener el edificio y rentarnos nueve mil plazas de estacionamiento cubiertas para que no tuviéramos que construir un garaje.

Quizá no veas ninguna señal de lo que estás creyendo. Podrías desanimarte y dejar que la falta de evidencia te haga cambiar de idea. No, mantente en fe. Dios está actuando entre bambalinas. Tal vez estás en tu cuarta vez o en tu quinta vez. Este no es el momento de abandonar. Estás más cerca de lo que piensas. Ya se acerca tu séptima vez. Sucederá de repente. Será sobrenatural, algo que no podrías hacer que ocurriera.

La verdad es que ese presidente ejecutivo podría haber aparecido dos años antes. Si lo hubiera hecho, yo no habría tenido que orar, creer y confiar. Pero esos tiempos en los que tenemos que esperar, creer y no dejarnos llevar por lo que no vemos son los que nos preparan para los

nuevos niveles que Dios tiene preparados. No te desanimes porque no está
ocurriendo según tu calendario. Todo
sirve para cumplir el plan de Dios.
Cuando estás esperando, mante-
niendo la fe, creyendo cuando no hay
señal, estás creciendo. Le estás demostrando a Dios de qué estás hecho. En
lugar de que Dios te demuestre a ti
quién es, le estás demostrando a Él
quién eres tú. Cualquiera puede des-

> Esos tiempos en los que tenemos que esperar, creer y no dejarnos llevar por lo que no vemos son los que nos preparan para los nuevos niveles que Dios tiene preparados.

animarse. Cualquiera puede ser un Tomás y decir: «No creeré si no lo
veo». Pero Dios está buscando Elías que no se dejen llevar por la falta de
evidencia, que no rebajen sus sueños, que crean sin una señal.

Tu fidelidad será recompensada

Cuando mi papá tenía diecisiete años, Dios puso en su corazón el
sueño de que un día pastorearía una iglesia de miles de personas.
Se había criado siendo muy pobre, pero se atrevió a dejar la granja.
En 1959, él y mi mamá comenzaron Lakewood el Día de las Madres
con noventa personas. Finalmente le puso a la iglesia el nombre de
Lakewood International Outreach Center. El hecho es que era una
iglesia en un barrio pequeño, pero puso alcance internacional en su
nombre. Ese sueño todavía estaba vivo; sin embargo, durante quince
años Lakewood apenas creció. Tenía menos de doscientas personas.
Mi papá sabía lo que Dios le había dicho: una iglesia con miles, pero
no había ninguna evidencia. Podría haberse desanimado y decir:
«Dios, muéstrame una señal. Déjame saber que va a suceder». Sin
embargo, año tras año mi papá y mi mamá sencillamente siguieron

siendo fieles y ministrando a la gente, dando gracias a Dios porque lo que mi papá oyó en su espíritu estaba de camino. Sería mucho más fácil si viéramos un gran avance, un poco de crecimiento, o que aparece la persona correcta, pero a veces Dios retiene la evidencia. Está comprobando qué vamos a hacer. ¿Vamos a ser como Tomás? «Dios, creeré y te daré lo mejor de mí si me muestras una señal». Dios te está dando una oportunidad de crecer, de confiar en Él en mayor medida, de demostrarle que caminarás por fe y no por vista para que Él pueda confiarte más.

En 1972 fue como si Dios abriera un grifo, y comenzó a acudir gente a Lakewood desde toda la ciudad. Lakewood creció y pasó de ser una iglesia de unos doscientos a muchos miles. Mi papá vio lo que Dios puso en su espíritu, Dios podía haberlo hecho el primer año o el segundo, pero tenemos que pasar esas pruebas. Todos atravesamos épocas de silencio en las que estamos creyendo y orando, pero no hay ningún cambio. No ves ninguna señal de que lo que Dios te prometió se va a cumplir. Serás tentado a abandonar tu sueño, a rendirte con ese hijo, con ese cónyuge o con ese avance. «Dios, si haces lo que hiciste con Ezequías y me demuestras que lo vas a hacer, comenzaré a creer otra vez».

> **Estás más cerca de lo que piensas. Las nubes están comenzando a formarse ahora mismo.**

Sin embargo, la mayoría de las veces será como lo que le sucedió a Elías. No hay señal. La gente dice que no va a suceder. Tus pensamientos te dicen que nunca va a llover. Haz lo que hizo él. No te dejes llevar por lo que ves. Los cielos tal vez están claros en este instante, pero se acerca tu séptima vez. Dios ve tu fidelidad. Él te ve creyendo cuando no hay evidencia. Estás más cerca de lo que piensas. Las nubes están comenzando a formarse ahora mismo. Creo y declaro que tu abundancia de lluvia está de camino. Aquello que estás esperando sucederá de forma repentina, inesperadamente. Sanidad, favor y cambios están de camino.

CAPÍTULO NUEVE

Ora por otros

Hay personas que Dios ha puesto en tu vida que no
se convertirán en todo aquello para lo que fueron
creadas si no oras y mueves las manos
que gobiernan el mundo.

Es bueno que ores por ti mismo, que ores por tus sueños, que ores pidiendo sabiduría, que le pidas a Dios que te ayude a superar las dificultades. Eso es importante, pero no te detengas ahí. Tienes la capacidad de ayudar a otros a alcanzar su destino. Hay personas que Dios ha puesto en tu vida que no se convertirán en todo aquello para lo que fueron creadas si no oras. Ellos no tienen la fe para alcanzar sus sueños. No superarán los retos sin que tú intervengas y le pidas a Dios que les ayude. La Escritura nos dice: «Oren unos por otros». No tienes que ir a ellos y hacer de esto algo muy grande. Estoy hablando de que dediques un tiempo cada día para orar de forma privada por otros, y no solo que te enfoques en tus sueños, tus necesidades y tus metas. Mira a tu alrededor y ve a quién ha puesto Dios en tu vida. Puede que sea un vecino que parece deprimido, un compañero de trabajo que no lo está pasando bien, o alguien que te dijeron que está luchando contra un cáncer. Ellos no llegaron ahí por accidente. Dios hizo que sus caminos se cruzaran con el tuyo. Él cuenta contigo para levantarlos.

> ¿Podría ser que si dedicas tiempo a orar por otros, aquello con lo que luchas se volteará?

«Joel, estoy lidiando con mis propios problemas, mis propios sueños, mis propios asuntos. Necesito que alguien ore por mí». Cuando tú oras por otros, estás sembrando una semilla para que Dios te ayude. En el Antiguo Testamento, incluso cuando Job se vio rodeado de todo tipo de problemas y todo su mundo se había desmoronado, entendió este principio. Él no solo oró por sí mismo, sino que oró también por sus amigos. Apartó su enfoque de sus propias necesidades y oró por otros. La Escritura dice: «Cuando Job oró por sus amigos, el Señor restauró su salud». ¿Podría ser que si dedicas tiempo a orar por otros, aquello con lo que luchas se volteará? Entonces tu salud, tu sueño, o tu avance llegará.

El apóstol Pablo dice: «Lleven las cargas los unos de los otros». Se supone que no debemos llevar la carga nosotros solos. Nos necesitamos unos a otros. La vida puede ser pesada. Algunas personas están solas y otras han pasado por decepciones. Están luchando con la enfermedad. Pueden sonreír por fuera pero estar heridos por dentro. Tienen presiones y estrés que nosotros no sabemos. Cuando oras por ellos, ayudas a aligerar su carga. Tu oración hace que los ángeles se pongan en marcha. Cadenas que les han retenido comienzan a soltarse. Cuando declaras fe sobre su destino, las fuerzas de las tinieblas que están intentando amargar su futuro con depresión, enfermedad y soledad comienzan a perder su control. Tal vez no suceda de la noche a la mañana, pero tu oración está marcando la diferencia. Tu oración puede que sea lo que les permite continuar. Ellos ni siquiera saben que estás orando por ellos, y quizá nadie más se entere, pero la Escritura dice que lo que haces en secreto Dios te lo recompensará en público. Cuando oras por otros, Dios siempre se asegurará de que otra persona ore por ti.

Silencio en el cielo

Cuando conozco a personas por primera vez, muchos dicen: «Joel, tú me
ayudaste y me animaste. Me gusta
escucharte». Eso está bien, y aprecio
escucharlo, pero lo que más me gusta
es cuando dicen: «Joel, estoy orando

La oración mueve las manos que gobiernan el mundo.

por ti». Cuando oras por alguien, no solo le estás mostrando buenos deseos. No solo estás diciendo: «Buena suerte. Espero que todo te
vaya bien». La oración mueve las manos que gobiernan el mundo. La
oración causa que el Dios que creó el universo haga que sucedan cosas
que nosotros no podríamos hacer que sucedieran. Cuando oras, todo
el cielo te presta atención.

En el libro de Apocalipsis, Juan
describió lo que vio en el cielo: que
los ángeles alrededor del trono están
cantando y adorando constantemente, diciendo: «Santo, santo, santo
es el Señor Dios Todopoderoso». Sin

¿Qué podría ser tan importante como para que todo el cielo se quedara callado?

embargo, en el capítulo 8 escribió que hubo un silencio en el cielo
de una media hora. Durante ese tiempo se acercó un ángel al altar
con un incensario de oro, que representa las oraciones que vienen de
la tierra. La Escritura dice: «El humo del incienso, mezclado con las
oraciones del pueblo santo de Dios, subió hasta la presencia de Dios».
Observa cuán poderosa es la oración. En el cielo había todo tipo de
cantos, toda esta adoración, pero de repente los ángeles dejaron de
cantar, las huestes celestiales guardaron silencio. ¿Qué podría ser tan
importante como para que todo el cielo se quedara callado? ¿Algo iba
mal, había alguna emergencia? No, el cielo se detuvo para escuchar

las oraciones del pueblo de Dios. Cuando tú oras, marcas una gran diferencia. Tus oraciones suben como incienso delante del trono de Dios. Tal vez te parezca que nadie escucha cuando oras. Tus pensamientos te susurran: *Estás malgastando tu tiempo. Dios no se interesa por ti.* No, tan solo imagina que, cuando oras, los ángeles se callan y la música deja de sonar. Gabriel le dice a Dios: «He silenciado todo porque veo que sube una oración. Alguien te está pidiendo favor. Alguien cree que puedes hacer lo imposible. Alguien está contando contigo para que rompas su adicción, para que ayudes a su hijo, para que sanes a un amigo de cáncer». Cuando oras, sucede algo poderoso. Todo el cielo se detiene, y el Creador del universo presta atención. Es entonces cuando se producen cosas sobrenaturales. Cuando tú oras, los Mar Rojo se abren, los Goliat son derrotados, leones hambrientos no pueden abrir su boca, aparecen Compaq Centers, se vence el cáncer y descienden las bendiciones como lluvias. Te estoy pidiendo que no solo ores por ti mismo sino que ores también por otros. Usa ese poder para ayudar a otra persona a alcanzar su destino.

Ve a las personas como si fueran Pedro

En Hechos 12, el rey Herodes Agripa iba contra la iglesia. No solo hizo que arrestaran a los creyentes; también hizo que mataran al apóstol Santiago. Cuando vio cómo agradó este hecho a al pueblo, planeó hacer lo mismo con el apóstol Pedro. Arrestaron a Pedro y lo encarcelaron. Lo pusieron en la celda más interior, en el lugar más seguro, con cadenas en sus dos muñecas. Estaba vigilado por cuatro grupos de soldados. Extremaron las precauciones para asegurarse de que Pedro no escapara. La noche antes de ser juzgado, dice: «La iglesia oraba fervientemente por Pedro». Todos los creyentes se habían reunido en una casa y pasaron la noche orando por su amigo, pidiéndole a Dios que abriera un camino, que lo sacara de algún modo de la cárcel. Mientras oraban en mitad de la noche, un ángel apareció en la cárcel y despertó a Pedro. Pedro no estaba orando, sino durmiendo. Tal vez pensaba que era demasiado tarde, quizá estaba demasiado desanimado como para orar, pero tenía amigos que estaban orando. Las cadenas se le cayeron de las muñecas. El ángel y Pedro salieron en medio del primer grupo de guardias y ellos no se dieron cuenta, y después pasaron el segundo. Cuando llegaron a la gran puerta de hierro, se abrió sola. La vida de Pedro estaba a salvo.

Lo interesante es que la Escritura menciona concretamente que la iglesia estaba orando por Pedro, pero no menciona nada de que hubiera estado orando por Santiago. Estaban en la misma situación pero tuvieron resultados distintos. La vida de Pedro fue

> **Toda tu familia, amigos y familiares deberían ser Pedros. Cúbrelos en oración.**

preservada mientras que Santiago perdió la suya. Aunque nos alegramos por lo que Dios hizo por Pedro, me pregunto si Santiago habría conservado su vida si hubiera habido personas orando por él como sucedió con Pedro. Quizá el ángel hubiera intervenido por Santiago y las puertas de la prisión se hubieran abierto. Tal vez Dios habría hecho cambiar de idea a Herodes si alguien hubiera estado orando. Mi reto es que no dejes que haya un Santiago en tu vida. No dejes que tu familia, tus hijos, tus compañeros de trabajo o tus vecinos sean un Santiago. Toda tu familia, amigos y familiares deberían ser Pedro. Cúbrelos en oración. Pídele a Dios que les fortalezca, que les proteja, que les sane, que les muestre favor. Ora para que alcancen sus sueños. Ora para que dejen su huella en esta generación. Tu oración puede marcar la diferencia. Tu oración puede hacer que Dios envíe un ángel.

Cuando crees que recibirán favor, cuando le pides a Dios que abra un camino para ellos, el cielo presta atención. A Dios le interesa lo

¿Estás usando tu regalo?
¿Estás orando por otros?

que a ti te interesa. Tal vez ellos no tengan fe para creer por sí mismos. Quizá no están viviendo correctamente y no merecen favor, pero como tú honras a Dios, como tú te tomaste el tiempo de pedir, Dios los bendecirá por causa tuya. Tú has recibido un regalo. Puedes ayudar a otra persona a tener éxito. Por sí mismos no pueden hacerlo. Por sí mismos son un Santiago, pero con tu oración se abrirán las puertas de la cárcel, se romperá la adicción, aparecerán las personas adecuadas para ayudarlos. ¿Estás usando tu regalo? ¿Estás orando por otros? La vida es demasiado corta para que la vivas de forma egocéntrica, pensando solo en tus necesidades, en tus metas, en tus sueños. Esa es una forma vacía de vivir. Nunca estarás plenamente satisfecho de ese modo, porque necesitas que otras personas te acompañen con fe. Si desarrollas este hábito de orar por otros, Dios se asegurará de que siempre haya personas suficientes orando por ti. La Escritura dice: «Uno puede perseguir a mil, y dos hacen huir a diez mil». Eres diez veces más poderoso cuando alguien está orando por ti.

Cuando oro cada mañana, dedico tiempo a orar por todos los que están leyendo mis libros, por todos los que son parte de nuestro ministerio, por sus sueños, por sus metas, por restauración, por sanidad, por abundancia. Algunas noches antes de acostarme voy al patio trasero a orar por todas las personas que sufren en el mundo. No los conozco por nombre, pero Dios sí. Siempre que mi hermano Pablo regresa de sus viajes misioneros al extranjero donde ha estado ayudando a personas desfavorecidas que han experimentado mucho sufrimiento y dolor, oro por

¿Cómo sabes que tu oración no va a proteger a un niño de algún peligro, impedir que un amigo tenga un accidente o que una familia que ha sufrido un dolor indescriptible pueda ver aliviada su carga?

ellos. Creo que Dios trajo a estas personas a mi camino a través de mi hermano, no solo para que sienta pena por ellos, no solo para que diga que es injusto para ellos, sino para decir: «Dios, muéstrales tu misericordia, protégelos, sana sus heridas, permíteles ver tu bondad». ¿Cómo sabes que tu oración no va a proteger a un niño de algún peligro, impedir que un amigo tenga un accidente o que una familia que ha sufrido un dolor indescriptible pueda ver aliviada su carga?

Recientemente se acercó a mí por la calle un señor más mayor, extranjero y muy bien vestido, y me dijo que él y su familia habían aprendido acerca de Dios viendo nuestro programa, y eso le había ayudado a superar algunos momentos difíciles. Yo estaba agradecido y también le di las gracias por habérmelo dicho. Mientras me iba, le dije casi de pasada que iba a estar orando por él. Entonces vi que grandes lágrimas comenzaron a bajar por sus mejillas. Me dijo con mucho sentimiento: «¿Y por qué va usted a orar por mí? Ni siquiera me conoce. No vengo del mismo trasfondo religioso». Yo le dije: «Eso no importa. Yo no solo oro por las personas que son como yo. Sé que Dios hizo que nuestros caminos se cruzaran». Tú no conoces a la gente por accidente. Dios pone personas en nuestras vidas y hace que nos fijemos en ellas. Tal vez es alguien en el supermercado que parece sentirse solo. No lo veas como un Santiago; míralo como un Pedro. Di en voz baja: «Dios, bendícelo, fortalécelo, ayúdale a vivir en victoria».

Ponte en la brecha

Por muchos años, mi mamá oró por un artista de nuestra ciudad llamado Bill Nash. Ella veía su nombre en las marquesinas de distintos clubes. Al manejar a la iglesia cada semana, veía una y otra vez su nombre. Mi mamá nunca lo había conocido, pero había leído que,

> **Cuando oras, las cosas cambian. El milagro se pone en marcha.**

cuando era niño, sus padres eran misioneros. Provenía de una familia de fe muy fuerte, pero en su adolescencia comenzó a juntarse con las personas inadecuadas y terminó abusando de las drogas y el alcohol. En lugar de cantar en las iglesia como hacía de pequeño, comenzó a cantar en los clubes. Mi mamá pudo haber desechado la idea, pensando: *Qué mal que se haya desviado, pero su vida no es asunto mío.* Pero, en lugar de eso, cada vez que ella veía su nombre oraba diciendo: «Señor, ayúdale a regresar al camino. Ayúdale a cumplir su destino». Solo una simple oración. Esto sucedió año tras año. No parecía que nada estuviera ocurriendo, y parecía que ella estaba malgastando saliva. Pero, cuando oras, las cosas cambian. El milagro se pone en marcha. Tal vez no veas ocurrir nada, pero Dios está obrando. Esas oraciones han subido como incienso delante del trono.

Una mañana de domingo, Bill estaba viendo la televisión y cambiaba constantemente de canal; escuchó a mi padre hablar de que Dios está lleno de misericordia, que Él es mayor que cualquier error que hayamos cometido. Ese mismo domingo, Bill se presentó en Lakewood. Se sentó en la última fila. Alguien lo reconoció y se lo dijo a mi mamá. Ella fue hacia atrás, le dio un abrazo y le dijo que había estado orando por él durante años. Ese día fue un punto de inflexión en su vida. Bill volvió a consagrar su vida a Cristo. Pocos meses después tuvo su primer concierto cristiano en Lakewood, y ha estado usando sus talentos para el Señor desde entonces. En la actualidad, él y su esposa Kim tienen un ministerio para ayudar a los adolescentes a regresar al camino. Quizá eso no habría ocurrido si mi mamá no hubiera orado. Tal vez él todavía estaría batallando por ahí, descarrilado, si ella no hubiera acudido delante de Dios para pedir por él.

La Escritura llama a eso ponerse en la brecha por las personas.

Algunos están demasiado alejados para volver por sí solos. Están demasiado desanimados, o tienen demasiados obstáculos. Será necesario que alguien acuda a Dios para pedir por ellos. En Ezequiel 22, Dios dijo: «Busqué a alguien que pudiera reconstruir la muralla de justicia que resguarda al país. Busqué a alguien que se pusiera en la brecha de la muralla para que yo no tuviera que destruirlos, pero no encontré a nadie». En ese entonces, las ciudades tenían muros a su alrededor para protegerlas de los enemigos. A veces había algún hueco en la muralla, algo ocurrió que causó un agujero o una brecha. El enemigo podía entrar fácilmente; por lo tanto, ellos colocaban a un soldado armado, uno de los guerreros más fuertes, para que se quedara en la brecha hasta que pudieran repararla.

> «¿Te pondrás tú en la brecha? ¿Le cubrirás mientras está caído? ¿Impedirás que el enemigo lo rebase?».

Las personas a nuestro alrededor tienen murallas con brechas. Como Bill Nash, se han descarriado. Tal vez una relación no funcionó, o están lidiando con una enfermedad, con depresión y soledad. Hay una brecha en su muralla. Dios te está preguntando: «¿Te pondrás tú en la brecha? ¿Le cubrirás mientras está caído? ¿Impedirás que el enemigo lo rebase?».

Cuando murió mi papá y yo pasé a ser pastor de la iglesia, mi muralla estaba derribada. Pensaba: *¿Cómo va a funcionar esto?* Pero podía sentir que la gente estaba orando por mí. Sabía que la gente estaba en la brecha. Cuando no podía hacerlo solo, tenía a muchos miembros de nuestra iglesia que me estaban cubriendo, orando por mí, declarando fe en mi destino hasta que conseguí reparar mi muralla. Ahora estoy donde estoy porque hubo personas que se pusieron en la brecha por mí. Al igual que yo, tú has tenido personas que se han puesto en la brecha por ti. Lo que nos ha sido

> No te conformes con sentir lástima por ellos. Ora por ellos.

dado, ahora tenemos la responsabilidad de dárselo también a otros. Seamos personas que están prestas a ponerse en la brecha. Cuando alguien a tu alrededor tenga una muralla derribada, la vida no le fue como esperaba. Está herido, está solo y cree que no puede continuar. Esa es tu señal para dar un paso al frente y marcar la diferencia. No te conformes con sentir lástima por ellos. Ora por ellos. Pídele a Dios que aligere su carga. Cuando oras, el cielo escucha.

La hija de veinte años de una familia que asiste a Lakewood recientemente tuvo un aneurisma y murió de repente. El padre me dijo con lágrimas: «No creo que pueda continuar. El dolor no desaparece». Su muralla estaba destruida; se había producido una brecha. Sí, sentí lástima; sí, se me partía el corazón, pero no basta con sentir lástima. Es entonces cuando tienes que hacer tuya la misión de ponerte en la brecha. Cada mañana tienes que decir: «Señor, fortalece a esta familia, sana sus heridas, dales belleza en lugar de cenizas». Cuando te pones en la brecha, no solo los estás protegiendo de las fuerzas que están intentando entrar, como la depresión y la desesperanza, sino que Dios te usará también para llevar sanidad y restauración.

Sé quien marca la diferencia

> Porque un hombre se puso en la brecha por ellos, Dios cambió de opinión.

Después de todo lo que Dios había hecho por los israelitas, librándolos de la esclavitud en Egipto, separando las aguas del Mar Rojo y dándoles comida en el desierto, ellos se desviaron del rumbo. En cierto momento comenzaron a adorar a un becerro de oro, a tener fiestas salvajes en las que se emborrachaban y eran inmorales. Dios estaba tan enojado que iba a destruirlos, pero Moisés subió al monte y durante cuarenta días ayunó y oró, pidiéndole a Dios misericordia: no para él mismo sino para los israelitas. Dice en el Salmo 106: «Dios los habría destruido si Moisés no se hubiera puesto en la brecha delante de Él». Tal vez tienes familiares, amigos y compañeros de trabajo que se han desviado y están tomando malas decisiones. Saben que no deberían hacer esas cosas, pero aun así las hacen. Eso es lo que sucedía con los israelitas. Dios estaba listo para destruirlos, a unos dos millones de personas, pero porque un hombre se puso en la brecha por ellos, Dios cambió de opinión.

¿Por qué no haces como Moisés y te pones en la brecha por las personas que no lo están haciendo bien? Es fácil criticarlos y descartarlos. Tú puedes ser quien marque la diferencia. Quisiera que el salmista hubiera podido poner mi nombre o tu nombre en ese versículo. Dios los habría destruido si Roberto no se hubiera puesto en la brecha, si María no se hubiera puesto en la brecha, si Julia no se hubiera puesto en la brecha. He descubierto que, si no estás en la brecha por nadie, probablemente estás juzgando. Yo he decidido que voy a vivir mi vida como alguien que se pone en la brecha. Voy a ser quien levante a las personas. Voy a dedicar tiempo cada día para ayudar con la oración a que otras personas alcancen su destino.

En el Capítulo Cuatro mencioné que eso es exactamente lo que hizo el centurión romano que asombró a Jesús por su fe en Lucas 7. Cuando su siervo estaba enfermo y con mucho dolor, cerca de la muerte, el centurión pidió a Jesús que sanara a su esclavo. Este hombre respetado e influyente se puso en la brecha por alguien a quien la mayoría de las personas en ese tiempo habrían descartado. Compraban y vendían esclavos todo el tiempo. Pero este comandante fue distinto. Amaba a su siervo y no podía dormir en la noche pensando que tenía dolor. Imagino que, cuando emprendió el camino para encontrarse con Jesús, la gente le diría: «¿Por qué vas? ¿Necesitas un milagro? ¿Necesitas sanidad? ¿Te pasa algo?». El centurión respondería: «No, voy a buscarlo para mi esclavo». Se estaba poniendo en la brecha

por "el más pequeño de estos». Se estaba poniendo en la brecha por
alguien despreciado, alguien que no tenía ninguna influencia, alguien
a quien la sociedad no consideraba importante.

> **Cuando te pones en la brecha por los más pequeños, por los que no tienen la oportunidad que tú tienes, por los que han recibido una peor suerte, Dios llama a eso una gran fe.**

Como vimos anteriormente, Jesús
dijo sobre este centurión: «No he
visto tanta fe en todo Israel», después
habló y el siervo fue sanado. Lo interesante es que este centurión no era
judío; no provenía de la misma fe.
Sin embargo, Jesús dijo que este gentil tenía más fe que todas las personas
que estaban a su alrededor. Dios no
mira cuán religioso eres, a qué iglesia
asistes, o cómo te educaron. Lo que
capta su atención es cuando te interesas por los menos afortunados.
Cuando te pones en la brecha por los más pequeños, por los que no
tienen la oportunidad que tú tienes, por los que han recibido una
peor suerte, Dios llama a eso una gran fe.

Haz de la oración tu prioridad

En la Escritura, José fue acusado falsamente de un delito y lo metie-
ron en una cárcel egipcia. Tras haber estado en la cárcel por varios
años, José fue puesto junto al copero y al panadero del faraón, quienes
habían ofendido al dirigente. El copero tuvo un sueño una noche, y
José fue capaz de interpretarlo. Le dijo al copero que iba a salir de la
cárcel y que regresaría a su puesto. El copero se emocionó mucho y
estaba muy agradecido. José le dijo: «Hazme un favor. Cuando salgas,
por favor recuérdale a Faraón que estoy aquí y que no he hecho nada
para merecer estar en esta mazmorra». Tal como José dijo, el copero

salió y regresó a su puesto, pero se olvidó de que José le había ayudado. Ahora, cuando José necesitaba ayuda, el copero había desaparecido. A todos nos ha pasado lo que a este copero. Alguien nos ayudó, alguien nos dio algo bueno, alguien nos animó cuando estábamos desanimados, alguien oró cuando estábamos enfermos. Se pusieron en la brecha por nosotros. Ahora no seas como este copero; ponte en la brecha por otra persona. Eres bendecido para ser una bendición. Dios respondió tus oraciones; ahora ora tú por otra persona.

La verdad es que ninguno hemos llegado hasta donde estamos nosotros solos. Yo tuve unos padres que oraron por mí, que declararon fe en mi destino. Estoy viendo el favor de Dios porque alguien se puso en la brecha por mí. Mis hermanos y yo nunca nos fuimos a la escuela en la mañana sin que mi mamá orara por favor y protección. Ahora, yo no solo oro por mis hijos, sino que también oro por mis nietos que ni siquiera están aquí todavía. Oro por mis bisnietos. Cuando mis descendientes lleguen, quizá no se den cuenta, pero ya han sido cubiertos en oración. Verán favor, buenas rachas y misericordia porque he dedicado tiempo a orar por ellos. Salomón, el hijo de David, se metió en problemas, tomó malas decisiones, y Dios iba a quitarle el trono. Pero entonces Dios le dijo a Salomón: «Por causa de tu padre David tendré misericordia de ti y no lo haré». Así de poderoso es cuando no solo vives una vida que honra a Dios, sino que también dedicas tiempo a orar por tus hijos, a orar por tus descendientes.

Cuando era una niña, Victoria solía ir a casa de su abuela en Georgia. Cuando se despertaba temprano, antes de que los demás despertaran, ella veía a su abuela afuera debajo de un árbol, orando de rodillas. Estaba cubriendo a su familia, cubriendo a sus hijos, cubriendo a su descendencia en oración. Victoria nunca soñó con

> **La verdad es que ninguno hemos llegado hasta donde estamos nosotros solos.**

> ¿Hay algunos como
> Santiago, personas que
> no alcanzarán su destino
> sin tus oraciones?

estar en el ministerio. Nunca soñamos que seríamos tan bendecidos, tan plenos. Se debe a que personas dedicaron tiempo a orar por nosotros. Alguien lo hizo por nosotros y alguien lo hizo por ti, así que hagámoslo por otros. Mira a tu alrededor para ver quién está en tu vida. ¿Hay algunos como Santiago, personas que no alcanzarán su destino sin tus oraciones? Te estoy pidiendo que los conviertas en personas como Pedro. Ponte como misión orar por ellos. Ponte en la brecha. Pídele a Dios que los bendiga. Si haces esto, creo y declaro que la semilla que siembres regresará a ti. Cuando ores por otros como lo hizo Job, verás tus oraciones contestadas, verás que llega tu sanidad y que tus sueños se cumplen.

CAPÍTULO DIEZ

Sigue creyendo por tus seres queridos

Dios cuenta con que darás espacio a los demás para cambiar, mostrarás misericordia y los animarás, no los juzgarás ni buscarás sus fallos, sino que estarás en la brecha para lo que necesiten y orarás por ellos.

Todos tenemos a alguien en nuestra vida que esperamos que cambie. Podría ser un miembro de la familia que se ha desviado del camino, un hijo que no está tomando buenas decisiones o un amigo que ha tenido problemas con la ley. Seguimos orando y creyendo, pero parece que eso no marca ninguna diferencia. Es fácil frustrarse y pensar que estamos malgastando el tiempo, pero si han de alcanzar su destino, necesitan a alguien que sea paciente con ellos. Necesitan a alguien que siga orando, animando y declarando fe a de su futuro: «Puede que estés batallando contra una adicción, juntándote con personas que no te hacen bien o comprometiendo tus valores, pero tú no eres así. La libertad está en camino. Sigo creyendo en ti. Sé que tienes en tu interior semillas de grandeza. La mano de Dios está sobre tu vida». Necesitan a alguien que se ponga en la brecha y crea por ellos cuando no pueden creer por sí mismos. Necesitan a alguien que los cubra de misericordia y no de juicio, que no los condene sino que los ame hasta que sean restaurados.

> **Algunas de las personas que tenemos la tentación de dar por perdidas son vasijas escogidas.**

Descartamos a las personas con demasiada facilidad. Donde están ahora no es donde terminarán; no los juzgues por el presente. El apóstol Pablo, antes de ser seguidor de Cristo y antes de escribir casi la mitad de los libros del Nuevo Testamento, se llamaba Saulo y odiaba a los creyentes. Era el mayor enemigo de la iglesia. Iba de ciudad en ciudad arrestando a los creyentes e incluso matándolos. Si tú y yo lo hubiéramos visto, habríamos pensado: *Este hombre no tiene esperanza. Es un terrorista. Va en contra todo lo que nosotros creemos.* Sin embargo, Dios le dijo a un discípulo en Damasco que se llamaba Ananías: «Ve y ora por Saulo. Es vasija escogida para llevar mi nombre». Algunas de las personas que tenemos la tentación de dar por perdidas son vasijas escogidas. Harán que el reino avance y harán grandes cosas. Lo único que necesitan es a alguien que tenga paciencia con ellos. Necesitan que alguien diga: «Sí, está bastante perdido, pero voy a enviarle un mensaje para decirle que estoy orando por él. Le voy a invitar a almorzar, sin juzgarlo o intentar corregirlo. Le voy a decir que le amo, que creo en él, y que si necesita algo solo tiene que pedirlo». ¿Tendrás paciencia con alguien mientras Dios lo está cambiando?

El Dios que es paciente con nosotros

En el Capítulo Uno vimos brevemente el encuentro de Jesús con la mujer samaritana en el pozo. Cuando Jesús le pidió un poco de agua, ella se sorprendió porque normalmente los judíos no querían nada con los samaritanos. Jesús respondió: «Si supieras quién soy, me pedirías y yo te daría agua viva». Ella respondió: «Por favor, Señor, dame de esa agua». Jesús le dijo que fuera a llamar a su esposo. Cuando ella explicó que no tenía esposo, Jesús le dijo: «Tienes razón. La verdad es que has tenido cinco esposos y el hombre que ahora tienes no es tu esposo». Ella respondió: «Debes de ser profeta. Sabemos que algún día llegará el Mesías». Jesús la miró y dijo: «Yo soy el Mesías». Ella regresó a su casa y le contó a todo el pueblo lo que había ocurrido. La Escritura dice que muchos samaritanos de ese pueblo creyeron en Jesús por causa del testimonio de esta mujer.

Lo interesante es que Jesús podría haber entrado a la ciudad con sus discípulos para buscar comida. Tenía hambre, pero decidió esperar en el pozo. Fíjate a quien estaba esperando: a una mujer que no tenía buena reputación. Esperó a una mujer que se había casado cinco veces y ahora vivía con otro hombre; una mujer

> **Jesús esperó a una mujer que se sentía como un fracaso, que no creía en su valía, que tenía una baja autoestima y que no se sentía valiosa.**

que había metido la pata. Estoy seguro de que había gente que la había descartado, pensando: *No tiene esperanza*. Cuando pasaba, imagino que la gente susurraba: «Mira, ahí va esa mujer. Me pregunto con quién estará viviendo esta semana». La gente se reía y murmuraba de ella. Es fácil ver sus fallos y pensar: *Debía ser una desenfrenada. Algo le pasaba*. La verdad es que esta mujer había sido rechazada por los hombres y desprestigiada una y otra vez. Jesús esperó a una mujer que se sentía un fracaso, que no creía en su valía, que tenía una baja autoestima y que no se sentía valiosa.

Podrías pensar que Jesús estaba esperando al alcalde de la ciudad; a alguien destacado y con influencia. Jesús estaba ocupado. Tenía todo tipo de demandas y la gente lo reclamaba y le pedía ayuda, pero Él decidió esperar a una mujer que no tenía todo bajo control. No la juzgó ni buscó sus fallos; declaró vida sobre ella. La animó. La valoró. El hecho de que los samaritanos tenían una religión que era una mezcla de judaísmo e idolatría es importante. Jesús esperó a una mujer que provenía de una fe diferente. La primera persona a la que Jesús le dijo que era el Mesías no fue a un líder religioso o al sumo sacerdote. Cuando Él quiso anunciar una de las cosas más importantes que diría en su vida, se lo dijo a esta mujer. La sociedad decía: «Olvídense de ella. Es una marginada. Toma malas decisiones». Pero Dios dijo: «No solo voy a ser paciente con ella, sino que también voy a honrarla diciéndole quién soy».

> **Piensa en todas las veces que Dios fue paciente con nosotros.**

Piensa en todas las veces que Dios fue paciente con nosotros. Él fue paciente cuando nos habíamos desviado del camino. Esperó cuando teníamos una mala actitud. Esperó cuando fallamos, cuando éramos adictos y cuando estábamos comprometiendo nuestros valores. Él pudo haber dicho: «Ya basta. No tienes arreglo». Pero fue paciente. Nos mostró misericordia. Nos levantó cuando caímos e impidió que la adicción terminara con nuestra vida. Nos protegió cuando escogimos a los amigos equivocados y detuvo el accidente que pudo habernos matado. Fue paciente cuando no creímos en Él. Esperó cuando estábamos llenos de amargura porque no respondió a nuestras oraciones. Fue paciente cuando lo ignoramos. A veces es necesario mirar atrás y decir: «Señor, gracias por ser paciente conmigo. Gracias por darme otra oportunidad. Gracias por limpiar el desastre que hice. Gracias por cubrirme cuando no lo merecía».

Responde orando por ellos

Dios ha sido paciente con todos nosotros. Ahora nos pregunta: «¿Serás paciente con otra persona por mí? ¿Tendrás paciencia con tu amigo que está tomando malas decisiones? ¿Lo llamarás, lo animarás y le dirás que te importa? ¿Serás paciente con tu vecina que no cree en mí y que se burla de tu fe? ¿Estarás en la brecha para ella y seguirás haciendo brillar tu luz? ¿Serás paciente con ese familiar que lleva años desviado del camino y batalla con las adicciones?». Tal vez pareció que cuanto más oras, más empeoran las cosas, y estás listo para rendirte. No, Dios dice: «Sé paciente con él. Sigue orando, animando y amando».

El autor de Proverbios dice: «Instruye al niño en su camino y aun cuando sea viejo no se apartará de él». Tal vez tienes un hijo que se ha apartado del camino. La buena noticia es que tú lo instruiste para que

> **Sé paciente. Sigue creyendo, sigue animando y sigue orando.**

conociera al Señor. Esa fe fue depositada en su espíritu. La promesa es que al final no se apartará de ella. No dice nada acerca de todo lo que ocurre en el medio. Puede que tome algunos desvíos equivocados, y habrá momentos en los que parezca que nunca va a regresar al camino. Sé paciente. Sigue creyendo, sigue animando y sigue orando. «Joel, no me escucha. No sigue mis consejos. No responde mis llamadas». No te desanimes. Dios sabe cómo llamar su atención. Tú sigue orando porque algo está ocurriendo; al final no se apartará. Ahora se ha desviado del camino, pero tu declaración debería ser: «Regresará. Yo y mi casa serviremos al Señor».

No tienes que forzarlos a cambiar. Cuando ya han crecido, no puedes obligarlos a hacer lo correcto. No intentes siempre corregirlos, amenazarlos o enseñarles una lección. A veces solo tienes que amarlos. La Escritura dice: «El amor nunca falla». Puedes amarlos hasta que regresen al camino. Ámalos cuando

> **«El amor nunca falla». Puedes amarlos hasta que regresen al camino. Ámalos cuando no lo merecen. Ámalos cuando no escuchan.**

no lo merecen. Ámalos cuando no escuchan. Ámalos cuando están tomando malas decisiones. Es fácil darlos por perdidos y pensar: *No debiste hacer eso. No quiero verte más.* No, Dios fue paciente contigo y tú también debes ser paciente con ellos.

Por tu amor

En la historia del hijo pródigo en Lucas 15, el joven tomó la herencia que le dejó su padre, se fue de casa y lo malgastó todo viviendo la vida loca y yéndose de fiesta. Llegó a estar tan desesperado que vivía entre cerdos en una pocilga. Decidió regresar a su casa y ver si podía conseguir un empleo como sirviente en la casa de su padre. La Escritura dice: «Cuando su padre lo vio a lo lejos, corrió hacia su hijo». Observa que el padre estaba esperando. Me imagino que salía al camino varias veces al día para ver si llegaba su hijo. «Señor, gracias porque mi hijo regresará a casa. Gracias porque lo estás protegiendo. Gracias porque cumplirá su destino». Salió corriendo y abrazó a su hijo. Les dijo a sus empleados: «Haremos una fiesta y celebraremos el hecho de que mi hijo haya regresado a casa». El padre no señaló los fallos de su hijo ni una sola vez. Tampoco le dio la charla de «te lo dije». No lo condenó diciendo: «Te dejaré quedarte, pero no lo mereces». Estaba lleno de misericordia.

He aprendido que todo el mundo está en un proceso. El punto en el que están ahora no es el mismo que será en diez años. Dales espacio para cambiar. Puede que no crean lo mismo que tú y tengan diferentes puntos de vista. Solo sigue amándolos. A veces pensamos que debemos convencer a las personas de pecado, decirles todo lo que están haciendo mal y hacerles cambiar de parecer, pero el Espíritu Santo es quien convence de pecado y hace a la gente cambiar de parecer. Nuestra tarea es solo plantar la semilla. Esa semilla puede caer en tierra dura y es posible que su corazón no se abra, pero la buena noticia es que la semilla nunca muere. Leí que los investigadores han encontrado una semilla de dátil de Judea de dos mil años de antigüedad en unas excavaciones del palacio de Herodes el Grande. Cuando plantaron la semilla, cobró vida y creció hasta ser una planta de gran tamaño. Lo único que necesitaba era la tierra correcta. Las semillas que plantas en el corazón de otras personas siguen vivas. La tierra puede que no esté lista todavía, pero en el momento correcto Dios ablandará su corazón.

> Todo el mundo está en un proceso. El punto en el que están ahora no es el mismo que será en diez años. Dales espacio para cambiar.

Algunas de las personas que me escuchan no creen en Dios, y otras vienen de creencias diferentes. Eso nunca me molesta. Yo simplemente estoy sembrando semillas, diciéndole a la gente que Dios está ahí para ellos, que han sido creados a su imagen y que tienen un propósito y un destino. Les digo que pueden superar sus adicciones, pueden soltar su pasado y pueden alcanzar los sueños que Dios les ha dado. En el momento correcto, esas semillas echarán raíces. No juzgues a los demás por la posición en la que están ahora. Están en proceso de cambio.

Conozco a una muchacha joven que fue criada en otro país y había crecido con una religión diferente, pero a ella le gustaba vernos en la televisión y decía que los mensajes le ayudaban. Se mudó a Houston por trabajo y comenzó a asistir a Lakewood, sentándose arriba del todo. Todo era nuevo para ella. Esperaba escuchar sobre cuán equivocada estaba su religión y recibir condenación por el modo en que fue criada, pero nunca escuchó nada de

> Tienes que dar a las personas tiempo para convertirse en lo que fueron creadas.

eso. Escuchó acerca de la bondad de Dios, que sus pecados ya habían sido perdonados y que podía vivir una vida abundante. Con el tiempo entregó su vida a Cristo. Dijo: «Vengo de una fe diferente, y mi proceso de acercarme a Jesús duró dos años». ¿Sabes por qué ocurrió eso? Porque fuimos pacientes con ella. No la juzgamos ni la condenamos, y no dijimos: «Tienes que ser como nosotros o no podrás estar aquí». Le dimos espacio para cambiar. Tienes que dar a las personas tiempo para convertirse en lo que fueron creadas.

Demasiadas veces intentamos forzar nuestra fe sobre otras personas, casi intentando obligarlos a creer, pero algunas cosas no ocurren de la noche a la mañana. ¿Serás paciente con tu amigo? ¿Seguirás animando a ese familiar aunque no esté cambiando todo lo rápido que te gustaría? ¿Serás paciente con tu vecina que no cree? ¿Seguirás sembrando semillas de amor y bondad, siendo bueno con ella? Jesús dice: «Por esto sabrán que son mis discípulos; por su amor los unos por los otros». No es por tu doctrina, la cantidad de versículos que puedes recitar de memoria, o el hecho de que tengas la razón; es por lo mucho que amas. No juzgues a los demás. No los mires con desprecio porque no creen lo mismo que tú. Solo sigue amándolos. Sigue siendo bondadoso con ellos.

Sé misericordioso

Una mujer me dijo que había luchado con su fe durante toda su vida. Un día, su hija tuvo un accidente y fue llevada al hospital de urgencia. Su hija estaba herida, pero no era grave y se recuperaría. Más tarde esa misma noche, la madre regresó a su casa estresada, abrumada, frustrada e inquieta por un día tan difícil. Sentada en su garaje, miró arriba y dijo: «Dios, ¿por qué me hiciste esto?». En ese momento, dijo que escuchó la voz más bondadosa (en su corazón, no audiblemente) que decía: «Es la primera vez que hablas conmigo». Entonces sintió un amor como nunca antes había sentido, al igual que una paz que nunca había experimentado. La bondad de Dios se derramó sobre ella.

La Escritura dice: «Si te acercas a Dios, Él se acercará a ti». Creemos que si alguien no quiere saber nada de Dios, Él dirá: «Está bien, yo también te rechazaré. No esperes que te ayude». Dios no es así. Él está tan cerca como al aire que respiras. Lo único que tienes que hacer es clamar a Él, porque está ahí. Él no guarda rencor por tu pasado, no está enojado porque lo ignoraste y no te rechaza porque no creas en Él. Te está esperando. Sus brazos están abiertos y está en la entrada de la casa, como el padre del hijo pródigo, mirando y pensando: *«Tal vez hoy regresarás a casa. Tal vez hoy será el punto de inflexión».*

> ¿Estás rechazando a alguien porque no cree, porque no está tomando buenas decisiones o porque no está de acuerdo con las cosas que tú defiendes?

¿Estás rechazando a alguien porque no cree, porque no está tomando buenas decisiones o porque no está de acuerdo con las cosas que tú defiendes? Eso es lo que hacía Saulo antes de convertirse en el apóstol Pablo. ¿Por qué no comienzas a ser paciente con esa persona, sembrando semillas de amor y mostrando misericordia en lugar de juicio? Es fácil tener la actitud de creerse más santo que los demás. *¡No me puedo creer lo que está haciendo! ¿En qué estará pensando?* Si no fuera por la gracia de Dios, no sabes lo que estarías haciendo tú. Cuanto más tiempo vivo, menos juzgo a los demás. Me doy cuenta de que no todo el mundo recibió lo que yo recibí. No todo el mundo creció en un entorno saludable, en un hogar lleno de fe y amor, con padres que

> En lugar de buscar sus fallos y hablar sobre ellos, ¿por qué no usas ese tiempo para orar por ellos?

declaraban victoria sobre mí y con amigos, maestros y familia que me guiaron y animaron. Ya es difícil tener éxito cuando tienes todas estas cosas positivas a tu favor, pero algunas personas vienen de familias disfuncionales, padres adictos, deprimidos y enojados. Solo han visto mediocridad y transigencia. Es tentador despreciarlos y juzgarlos, pero nosotros podríamos haber tomado las mismas decisiones si estuviéramos en su lugar. De hecho, puede que estén haciendo las cosas mejor de lo que las haríamos nosotros si estuviéramos en su situación. En lugar de buscar sus fallos y hablar sobre ellos, ¿por qué no usas ese tiempo para orar por ellos? Están en tu vida porque Dios cuenta contigo para ayudarlos a cambiar. Si eres paciente con ellos, si los animas, eres su amigo y les hablas con fe, entrarán en su destino. Cada semilla que plantes regresará a ti. La misericordia que muestres a los demás es la misericordia que los demás te mostrarán a ti.

A veces esperamos que las personas cambien antes de aceptarlas. Cuando comiencen a hacer las cosas bien, tendremos una mejor opinión de ellas. Pero Dios no nos pide que nos limpiemos antes de poder acercarnos a Él. Él dice: «Ven tal como eres, yo te ayudaré a ser limpio». Dios fue paciente con nosotros cuando nos habíamos desviado del camino. Nos mostró misericordia cuando estábamos lejos de ser la mejor versión de nosotros mismos. Ahora debemos tomar esa misma misericordia y mostrarla a otra persona.

La bondad de Dios

Un día, Jesús estaba pasando por la ciudad de Jericó. La noticia de que estaba allí se extendió rápidamente, y comenzó a juntarse una multitud. Todos querían ver a Jesús. Habían escuchado acerca de todos los milagros y las cosas asombrosas que Él había hecho, y ahora las calles estaban tan abarrotadas que era casi imposible moverse. Un hombre llamado Zaqueo, el jefe de los recaudadores de impuestos que era despreciado por ser deshonesto y engañar al pueblo, quería ver a Jesús, pero era muy bajo de estatura. Para poder ver por encima de toda la gente, se subió a un árbol y encontró la posición perfecta. Cuando Jesús pasaba, la multitud de gente gritaba y saludaba, intentando llamar su atención. De repente, Jesús se detuvo, miró hacia arriba al árbol, y dijo: «Zaqueo, baja. Quiero ir a tu casa y cenar contigo».

Lo interesante es que el nombre de Zaqueo significa «el que es puro». Jesús lo llamó «el que es puro» delante de todas esas personas que odiaban a Zaqueo y sabían que era un fraude. Lo que aprendemos es que debemos dirigirnos a los demás haciendo referencia a aquello en lo que pueden convertirse antes de que cambien. La

> **Debemos dirigirnos a los demás haciendo referencia a aquello en lo que pueden convertirse antes de que cambien.**

Escritura dice: «Llama a las cosas que no son como si fueran». Si sigues llamando a tu hija «irrespetuosa», seguirá siendo irrespetuosa. Si sigues llamando a tu hijo «adicto», seguirá siendo adicto. Estás profetizando acerca de su futuro. Cambia el modo en que te diriges a los demás. Llama a tu hijo «bendito», llámalo «disciplinado», llámalo «enfocado», llámalo «exitoso». Comienza a referirte a ese amigo que es adicto como «libre», «sano» y «victorioso».

Jesús pudo haberle dicho Zaqueo: «Eh, tú, recaudador de impuestos»; sin embargo, declaró «el que es puro» a propósito no solo para que todos los demás lo escucharan, sino para que también Zaqueo lo escuchara. Se hizo tal silencio que, si se hubiera caído una aguja, se habría escuchado. Todos los ojos estaban sobre Zaqueo. Imagino

> **A veces pensamos que la gente está demasiado desviada del camino y que toma tan malas decisiones, que Dios nunca querría nada con ellos.**

que casi se desmaya. Preguntó: «¿Jesús acaba de decir mi nombre?».
Alguien asintió con la cabeza. Él pensó: *¿Cómo sabía mi nombre?* A
veces pensamos que la gente está demasiado desviada del camino y
que toma tan malas decisiones, que Dios nunca querría nada con
ellos. La verdad es que Dios conoce su nombre. Él va a buscarlos.

Entre la multitud había líderes de la ciudad, sacerdotes del templo y
ancianos de la sinagoga, pero Jesús pasó de largo de todos ellos. Él dijo:
«Quiero ir a la casa de Zaqueo». Lo que estaba diciendo es: «Zaqueo,
te he estado esperando. Sabía que estarías aquí». Jesús fue a cenar con
Zaqueo y no lo acusó o le dijo todo lo que estaba haciendo mal. Jesús
simplemente lo amó y le mostró misericordia. Jesús se hizo su amigo.
Ese día fue un punto de inflexión. Zaqueo dijo: «Dejaré de ser deshonesto, y comenzaré a ayudar a los demás dando la mitad de mis pose-
siones a los pobres. Si he engañado a alguien, le pagaré cuatro veces
más». Zaqueo cambió su manera de actuar no porque alguien lo aver-
gonzó hasta que lo hiciera sino porque alguien lo amó hasta que lo hizo.
El apóstol Pablo dice: «la bondad de Dios conduce al arrepentimiento».

Dios ha puesto personas en tu vida en este momento porque
cuenta contigo no para juzgarlas o buscar sus fallos, sino para ponerte
en la brecha por ellas. Algunas de las personas que nos parece que
más perdidas están, como Zaqueo o Saulo, son vasijas escogidas. No
te rindas con tu hijo. Puede que hayan pasado años, pero sé paciente
con él o ella; hará grandes cosas. No dejes de creer por la salvación de
tu vecino. Puede que ni siquiera te preste atención, pero sé paciente
con él o ella. Dios está en control.

Sigue orando

Un amigo mío tiene un vecino que es un señor anciano. Este vecino
ha sido muy cínico y muy negativo desde que se conocen. De pequeño

iba a la iglesia, pero ahora no quería saber nada de Dios. Estaba resentido contra la iglesia y todo lo que representa. Año tras año, mi amigo siguió amándolo y siendo bondadoso con él. A medida que el vecino fue envejeciendo, mi amigo siguió interesándose por él y viendo si necesitaba algo. Un día, se enteró de que este vecino nos había estado viendo en la televisión e iba a asistir a una de nuestras Noches de Esperanza. Mi amigo no podía creerlo. Eso no lo vio llegar.

Nunca se sabe lo que Dios está haciendo tras bambalinas. Cuando no veas que ocurre algo, eso no significa que Dios no está obrando. Esas semillas que has estado plantando siguen vivas. Una mañana después de la Noche de Esperanza, mi amigo fue a la casa de este vecino. La esposa tenía los ojos llenas de lágrimas. Dijo: «Anoche, cuando Joel pidió a las personas que quisieran recibir a Cristo que se pusieran de pie, mi esposo lo hizo». Lo que es todavía más asombroso es que este hombre había tenido una apoplejía. No había podido ponerse de pie solo en años, pero aquella noche pudo levantarse sin ayuda. Era como una persona diferente.

Te pido que seas paciente con alguien. «Joel, se ha desviado del camino. Está tomando malas decisiones». El hijo pródigo también, pero el padre fue paciente con él. «Viene de otra fe diferente». La mujer samaritana del pozo también, pero Jesús fue paciente con ella. «He esperado mucho tiempo, pero mi amigo no cambia». No, tus oraciones están funcionando; están ocurriendo cosas que no puedes ver. Sigue orando por esa persona, sigue animándola y sigue mostrando misericordia. Si lo haces, creo y declaro que verás a tus seres queridos llegar a conocer al Señor. Aquellos que se han desviado del camino (hijos, vecinos, amigos) están siendo atraídos ahora mismo. Tú y tu casa servirán al Señor.

> **Tus oraciones están funcionando; están ocurriendo cosas que no puedes ver.**

CAPÍTULO ONCE

Recuerda lo que Dios dijo

No se trata de lo que digan tus circunstancias, tus sentimientos, tu mente o los expertos, sino de los que Dios dice.

Todos tenemos promesas que Dios ha puesto en nuestros corazones, cosas que sabemos que Él nos ha hablado. Podría ser sobre cómo llegará a cumplirse un sueño, cómo avanzaremos en nuestra carrera profesional, de qué manera algún problema cambiará, o cómo conoceremos a la persona correcta. Hubo un momento en el que sabíamos que ocurriría. Orábamos, teníamos fe y estábamos llenos de pasión por ello; sin embargo, cuando está tomando más tiempo del que pensábamos, cuando hemos pasado por decepciones, cuando las personas no cumplen su palabra o el reporte médico no mejora, los pensamientos negativos empiezan a sonar cada vez más fuerte. *Nunca ocurrirá. Nunca podrás permitirte retirarte. Nunca verás a tu familia restaurada.* Demasiadas veces dejamos que esos pensamientos ahoguen lo que Dios nos ha hablado. Si quieres mantenerte en fe, debes recordar lo

> Es fácil creer cuando las cosas van bien, pero la mayoría de las veces la promesa no se cumplirá sin antes ser probada.

que Dios dijo. Regresa a sus promesas, regresa al momento en que Él te susurró en la noche. Comienza a darle gracias por lo que te dijo. Comienza a declarar favor, victoria y sanidad. Debes mantener avivada tu fe; mantén esas promesas frescas en tu mente. Dios es fiel. Él no te dirá algo para después no hacerlo. La Escritura dice que «todas sus promesas son sí y amén». Puede que no ocurra en el momento o del modo que esperábamos, pero lo que Dios ha prometido está en camino.

Es fácil creer cuando las cosas van bien, pero la mayoría de las veces la promesa no se cumplirá sin antes ser probada. Cuando estés bajo presión, cuando no entiendas por qué toma tanto tiempo y por qué algunas personas no cumplen su palabra, serás tentado a vivir en frustración, preocupación o miedo. Reconoce que es una prueba. Al enemigo le encantaría que te olvides de lo que Dios te ha prometido. Le encantaría que te enfoques en lo

> Siempre habrá algo que intente robar la semilla de la Palabra de Dios de tu corazón.

que no está ocurriendo; que sigas pensando en que tu hijo no está haciendo las cosas bien. Justamente cuando pensabas que había luz al final del túnel, tus finanzas se vinieron abajo y ahora crees que es imposible que tengas un buen año. No, recuerda lo que Dios dijo: «Aún en medio de la hambruna tendrás más que suficiente. Cualquier cosa que toques prosperará y tendrá éxito». La economía no es tu fuente; Dios es tu fuente. Estás conectado a una línea de suministro que nunca se agota. Pero siempre habrá algo que intente robar la semilla de la Palabra de Dios de tu corazón. El enemigo sabe que, cuando riegas esa semilla regularmente, cuando sigues dando gracias a Dios por lo que ha prometido, cuando sigues declarando que está en camino, cuando meditas constantemente en lo que Él ha dicho, verás la fidelidad de Dios. Él hará que ocurran cosas que tú no habría podido lograr que ocurran.

Lo que Dios te dijo

> **¿Por qué no comienzas a darle gracias a Dios por lo que te dijo en lugar de escuchar los pensamientos negativos?**

Jesús dice: «¿No les he dicho que si creen verán la gloria de Dios?». Puede que estés enfrentando una enfermedad, y estás preocupado y estresado. Dios dice: «¿Acaso no te dije que te devolvería la salud? ¿Acaso no te dije que por mis llagas eres sanado? ¿No te dije que todos tus días están contados?». ¿Por qué no comienzas a darle gracias a Dios por lo que te dijo en lugar de escuchar los pensamientos negativos? Muchas veces, la razón por la que estamos desanimados es que nos hemos olvidado de lo que Dios dijo. No es complicado. Regresa a sus promesas, regresa a lo que Él te susurro en la noche. Comienza a recordar lo que Él ha dicho de ti y repítelo en tu mente una y otra vez. Cuando permaneces en esas promesas, el temor, la duda y la preocupación deben marcharse y la fe aumentará en tu corazón.

Tal vez tu hijo se ha desviado del camino y se junta con las personas equivocadas. Estás frustrado, pensando que nunca cambiará. Dios dice: «¿Acaso no te dije que tú y tu casa servirán al Señor? ¿No te dije que tus hijos serán poderosos en la tierra?». Cuando despiertes en mitad de la noche y seas tentado a preocuparte, voltea ese pensamiento. «Señor, gracias porque tú dices que mis hijos cumplirán su destino». Hay una batalla que se libra en nuestra mente. El enemigo nos ataca con pensamientos de duda, temor y preocupación. Su objetivo es llenar tu mente con todo lo negativo; quiere mantenerte preocupado pensando en

> **Cuando llegue la preocupación, no pongas el piloto automático; no dejes que siga dando vueltas en tu mente.**

que las cosas no saldrán adelante, que no podrás romper la adicción o que nunca conocerás a la persona adecuada. Quiere que nunca pienses en lo que Dios te prometió, pero debes tomar el control de tus pensamientos. Cuando llegue la preocupación, no pongas el piloto automático; no dejes que siga dando vueltas en tu mente. Mantente a la ofensiva. Haz el esfuerzo de recordar lo que Dios dijo. Dale gracias porque Él está abriendo un camino donde tú no ves un camino. Dale gracias porque siempre te da la victoria. Dale gracias porque está haciendo que lo que era para mal actúe a tu favor. Dale gracias porque te lleva de gloria en gloria y de victoria en victoria.

Conozco a una joven que atravesó la ruptura de una relación. Ella había pensado que era el hombre con el que se casaría. Estaba muy desanimada, desencantada con la vida y consigo misma. Todos pasamos por decepciones, pérdidas y cosas que no son justas. Si nos mantenemos enfocados en las heridas y seguimos diciendo: «Dios, ¿por qué ocurrió esto? No lo entiendo», estaremos cargando con un peso que nos impedirá ver las cosas nuevas que Dios tiene preparadas. Sé que no es fácil, pero debes hacer este cambio en tu pensamiento. Deja de pensar en el dolor y comienza a pensar en lo que Dios te prometió. Dios está diciendo: «¿Acaso no te dije que haré que nazca algo hermoso de esas cenizas? ¿No te dije que en la noche puede haber llanto, pero en la mañana llegará el gozo? ¿No te he dicho que te devolveré el doble cuando ocurran cosas injustas?». Dios te tiene en la palma de su mano. No te trajo hasta aquí para abandonarte. Sí, la ruptura y la pérdida son dolorosas, pero no han bloqueado tu destino. Dios tiene un nuevo comienzo preparado y está a punto de abrir nuevas puertas y traer relaciones nuevas. Aún no has vivido tus mejores días. El enemigo está luchando contra ti porque sabe que hay algo asombroso preparado para tu futuro. Estás a punto de ver bendición, favor e influencia como nunca antes has visto. No dejes que esos pensamientos negativos te hagan estancarte donde estás; comienza a recordar lo que Dios dijo.

Lo que Dios ha prometido

En la Escritura, cuando Job estaba en medio de una gran pérdida y dolor, cuando todo había ido mal, parecía que sus mejores días habían quedado atrás; pero uno de sus amigos le dijo: «Dios aún llenará tu boca con risa y tus labios con gritos de alegría». Esto fue en el capítulo 8, pero las cosas no cambiaron hasta el capítulo 42. Me imagino a Job sentado sobre las cenizas, desanimado, y pensando en la pérdida de sus hijos, su negocio y su salud. Fue tentado a hacerse la víctima y perder la esperanza, pero entonces recordó lo que Dios había prometido a través de las palabras de su amigo. *Él llenará mi boca de risa.* Casi puedo oír a Job diciendo: «Señor, gracias porque volveré a soñar, volveré a reír y volveré a amar». En medio de las dificultades, cuando pudo haberse

> Siguió recordando lo que Dios dijo, no lo que decían las circunstancias, sus emociones o los pensamientos negativos.

quejado, miró al cielo y dijo: «Sé que mi Redentor vive». Estaba diciendo: «Sé que Dios sigue en el trono. Sé que Él es más grande que esta adversidad. Sé que los días que vienen serán mejores que los que ya pasaron». Siguió recordando lo que Dios dijo, no lo que decían las circunstancias, sus emociones o los pensamientos negativos. Si mantienes tu mente enfocada en lo que Dios prometió, verás su mano en tu vida. Cuando esa prueba terminó, Job obtuvo el doble de lo que tenía antes.

Puede que hayas experimentado pérdida, dolor y decepción, pero no es así como termina tu historia. Puede que ahora sea doloroso, pero Dios lo ve. Él no solo te ayudará a superarlo, sino que también llenará tu boca de risa. En tu futuro habrá gran gozo. Las personas correctas ya están de camino a encontrarse contigo. Tendrás nuevas relaciones interpersonales y favor como nunca antes has visto. No caigas en la trampa de quejarte o vivir haciéndote la víctima, pensando que ya desde aquí es todo cuesta abajo. Estás recordando las cosas equivocadas; comienza a recordar lo que Dios dijo. «El lamento se transformará en baile. Llegará el doble: el doble de gozo, el doble de paz y el doble de recursos. No solo vas a salir de ello, sino que saldrás fortalecido. Saldrás más fuerte, más sano, más contento y más realizado». Ahora haz como Job y sigue dando gracias a Dios por lo que Él ha dicho. Sigue declarando: «Sé que mi Redentor vive». Piensa durante todo el día: *Padre, gracias porque tus planes para mí son de bien. Gracias porque llenarás mi boca de nuevo con risa.*

Cuando estás bajo presión, lo que permites que dé vueltas en tu mente es muy importante. Los pensamientos te recordarán todas las razones por las que algo no saldrá bien. A veces, las personas te dirán que nunca romperás esa adicción o que no puedes abrir tu propio negocio.

> No se trata de lo que digan los expertos, lo que diga tu mente o cómo te sientas, sino de lo que Dios prometió.

Tienes que regresar a lo que Dios dijo, no a lo que dice la gente. Lo digo con respeto, pero no se trata de lo que digan los expertos, lo que diga tu mente o cómo te sientas, sino de lo que Dios prometió. Tal vez estás desanimado por lo mucho que está tardando tu sueño en cumplirse o lo imposible que parece. Dios está diciendo: «¿Acaso no te dije que terminaré lo que comencé? ¿No te dije que, si te deleitas en mí, yo te daré los deseos de tu corazón?». Tal vez el reporte médico no ha sido bueno y ahora estás preocupado. Dios dice: «¿No te he dicho que ningún arma forjada contra ti prosperará?». Tal vez tus compañeros de oficina están intentando usar su posición para desprestigiarte. Tienen más influencia y más antigüedad que tú. Dios está diciendo: «¿No te he dicho que cuando el enemigo salga contra ti como un río yo levantaré barrera? ¿No te dije que pelearé tus batallas por ti? ¿No te dije que estoy preparando una mesa para ti en presencia de tus angustiadores?». Cuando recuerdes lo que Dios dijo, no estarás preocupado. Tendrás paz en medio de la tormenta y fe para creer en lo imposible. Tendrás la valentía para derrotar gigantes, la resistencia para aguantar la oposición y el favor para conseguir mucho más de lo que pensabas que era posible.

Lo que Dios dijo invalida lo que tú ves

Temprano en la mañana del domingo después de que Jesús fue crucificado y resucitó de los muertos, tres mujeres fueron a la tumba para ocuparse del cuerpo de Jesús. Cuando llegaron, se dieron cuenta de que algo no estaba bien. La piedra había sido quitada, y cuando se asomaron, el cuerpo de Jesús no estaba allí. Estaban muy angustiadas. Allí sentadas, llorando y sin saber qué hacer, de repente se les aparecieron dos hombres. Eran ángeles vestidos de túnicas brillantes que irradiaban tanta luz que las mujeres casi no podían mirarlos, y estaban aterrorizadas. Uno de los ángeles dijo: «¿Por qué buscan en una tumba a alguien que está vivo? Jesús no está aquí. ¡Ha resucitado de entre los muertos!». Me imagino a estas mujeres allí sentadas, llenas de asombro, intentando asimilarlo todo. El ángel continuó diciendo: «¿No recuerdan lo que Él les dijo en Galilea, que sería traicionado y crucificado y que al tercer día se levantaría de entre los muertos?». El siguiente versículo dice: «Entonces recordaron lo que Jesús había dicho y corrieron para contarlo todo a los discípulos».

Aquellas mujeres llegaron a la tumba desanimadas, deprimidas y derrotadas, pero regresaron a casa emocionadas, apasionadas, llenas de fe, llenas de esperanza, e impacientes por contar todo a los demás discípulos. Cuando recuerdas lo que Dios dijo, tu perspectiva cambia. Mientras estés enfocado en lo negativo, lo que no funcionó y lo que es imposible, seguirás desanimado. Dios te dice lo que el ángel les dijo a ellas: «¿No recuerdan lo que les dije? ¿No recuerdan que dije que prestarán y no pedirán prestado? ¿No recuerdan que dije que mi misericordia es más grande que sus errores?». Dios

> **Cuando recuerdas lo que Dios dijo, tu perspectiva cambia.**

ha hecho que leas estas palabras por una razón: para que recuerdes lo que Él te ha prometido. Debes regresar a lo que Dios te habló, regresar al sueño que te dio en la noche y regresar a la promesa que Él susurró a tu espíritu. Debes avivarlo. Recupera tu pasión y tu esperanza. Comienza a hablar declarando que está en camino. Comienza a darle gracias a Dios porque ya está llegando.

La Escritura dice que estas mujeres estaban perplejas, abrumadas y confundidas. Su mundo se había puesto patas arriba. Bajo toda la presión y con todo el estrés y el dolor de haber perdido a su amigo, se olvidaron de lo que Jesús les había dicho. Lo interesante es que Él les había dicho que todo eso ocurriría tan solo unos días antes, no veinte años atrás. Si se hubieran olvidado porque había pasado mucho tiempo tendría más sentido, pero cuando la presión aumentó y se sintieron abrumadas, se olvidaron de lo que Él había dicho. Ese es el momento en el que debes estar alerta. Cuando la vida es estre-

> **Cuando la vida es estresante, cuando experimentas algún obstáculo financiero o cuando estás luchando con la depresión, no dejes que esos pensamientos negativos ahoguen lo que Dios prometió.**

sante, cuando experimentas algún obstáculo financiero o cuando estás luchando con la depresión, no dejes que esos pensamientos negativos ahoguen lo que Dios prometió.

Tal vez ahora mismo estás bajo presión. Quizá las circunstancias de tu vida te tienen ansioso y preocupado, pensando: *¿Qué va a suceder con mis finanzas? ¿Y mis hijos?* Tal vez has sentido que tuviste que poner tu vida en pausa. Es fácil olvidar lo que Dios prometió. Igual que ese ángel, yo te digo que recuerdes lo que Dios te dijo. Puede que te sientas solo, pero Él dijo: «Yo nunca te dejaré. Estaré contigo como un hermano». Tal vez el volumen tu negocio se ha reducido y no sabes cómo hacer para que salgan las cuentas y poder llegar a fin de mes. Él dijo: «Yo haré que broten ríos en el desierto. Supliré tus necesidades conforme a mis riquezas». La ansiedad, la depresión o la adicción pueden parecer permanentes, pero Él dijo: «Los enemigos que ves hoy ya no los verás más. Mayor es el que está en ti que lo que intenta detenerte. Aquel a quien el Hijo hace libre es verdaderamente libre».

¿Estás recordando lo que Él dijo? ¿O has permitido que tus circunstancias, los problemas y el estrés te hagan enfocarte en lo negativo y pensar que nada saldrá bien? Cuando estamos bajo presión, el error que solemos cometer es actuar basado en lo que vemos en lugar de lo que Dios dijo. «Bueno, Joel, pero mira este reporte médico. Mira mis finanzas. Mira cuán grandes son estos obstáculos». Mientras actúes basado en lo que ves, estarás preocupado y estresado. Debes comenzar a actuar basado en lo que Dios dijo. Esta es la buena noticia: lo que Él dijo invalidará lo que tú ves.

> **Mientras actúes basado en lo que ves, estarás preocupado y estresado.**

Cuando mi papá falleció y yo pasé a pastorear la iglesia, lo que veía cuando me miraba al espejo era alguien sin experiencia, intimidado y sin calificación. Los pensamientos me decían que nadie me escucharía; que me subiría a la plataforma y sería un fracaso. Fui tentado a vivir preocupado y hacerme pequeño, pero hice lo que ahora te estoy pidiendo a ti que hagas. No actué basado en lo que veía; actué basado en lo que Dios dijo. Yo me sentía débil, pero recordé que Dios dijo: «Soy fuerte en el Señor». Pensaba que no podría hacerlo, pero recordé que Dios dijo: «Todo lo puedo en Cristo». Había algunas personas que no querían que yo tuviera éxito: algunos críticos con un gran número de seguidores y que parecían querer desacreditarme y frenarme, pero recordé lo que Dios dijo: «El éxito no viene de las personas; viene del Señor». Las personas no determinan tu destino. No pueden detener el llamado sobre tu vida. Puede que parezcan más grandes, más poderosos y con más influencia, pero no debes actuar basado en lo que ves; actúa basado en lo que Dios dice. Él dice: «Derrotarás gigantes. Eres más que vencedor. La trampa que los enemigos preparen para ti será la trampa en la que caigan ellos mismos».

Enfócate en lo que Dios dijo

En Mateo 14, después de que Jesús dio de comer a una multitud de miles con solo cinco panes y dos peces, les dijo a los discípulos que regresaran a la barca y cruzaran al otro lado del lago. Dijo que Él despediría a la multitud. Los discípulos comenzaron a remar, y todo iba bien hasta que se levantó un viento y las olas comenzaron a azotar la barca. Durante horas lucharon contra el viento y el mar para sobrevivir. A las tres de la mañana vieron una figura que se acercaba hacia ellos en medio de la oscuridad caminando sobre el agua. Pensaron que era un fantasma, y tuvieron tanto miedo que la Escritura dice: «Gritaron aterrorizados». Nunca habían visto algo así. Jesús les dijo: «No tengan miedo. Estoy aquí». Pedro no solo estaba asombrado; también se sintió inspirado. Dijo: «Señor, si realmente eres tú, dime que vaya a ti caminando sobre el agua». Jesús dijo: «Sí, ven». Pedro salió de la barca y metió el pie en el agua, pero no se hundió. Comenzó a caminar sobre la superficie del agua desafiando las leyes de la física. Me imagino cuán asombrado y maravillado estaba. Dio un paso después de otro, mirando a Jesús, maravillado de lo que estaba ocurriendo. Pero entonces comenzó a mirar a su alrededor a las olas, a la fuerza con que soplaba el viento, a lo mucho que se movía la barca y al hecho de que estaba en medio del agua. De repente, comenzó a hundirse. Gritó: «Señor, ¡sálvame!». Jesús extendió su brazo y ayudó a Pedro a subir de nuevo a la barca.

Mientras Pedro estaba enfocado en lo que Jesús dijo («camina sobre el agua. Ven aquí conmigo»), todo estaba bien, pero cuando comenzó enfocarse en lo que él veía (el viento y las olas) comenzó a dudar, a tener miedo y a pensar: *No puedo hacer esto*. El mismo principio se aplica a nuestra vida. Si te enfocas en lo que ves, podrías renunciar a tus sueños. Si te enfocas en cuán grandes son los obstáculos, lo malo que es el reporte médico o que nunca saldrás de la deuda, estarás limitado. Debes mantenerte enfocado en lo que Dios dijo. Cuando te enfoques en lo que Él prometió, caminarás sobre el agua. Llegarás a lugares a los que no podrías llegar tú solo. Superarás obstáculos que son mucho más grandes. El viento y las olas son una prueba. ¿Te distraerás y te enfocarás en lo negativo? *Este problema es demasiado grande. Esta adicción parece permanente. No tengo los recursos para ir a la universidad. Nunca saldré de este barrio.* Eso hará que te hundas. Debes cambiar tu enfoque de lo que ves a lo que Dios dijo. Debes caminar por fe y no por vista.

> **Cuando te enfoques en lo que Él prometió, caminarás sobre el agua. Llegarás a lugares a los que no podrías llegar tú solo.**

Lo que tienes delante puede parecer imposible, pero Dios te creó para caminar sobre el agua. Él te creó para desafiar los pronósticos. Te creó para ir más allá de lo que la gente dice que puedes ir. Te creó para derrotar gigantes. Te creó para superar el cáncer. Te creó para comprar Compaq Centers. Sí, parece poco probable. Sí, puede que sientas que no tienes el talento suficiente. Sí, puede que tengas miedo, y está bien. La clave es no enfocarte en lo que ves; enfócate en lo que Dios dijo. Eso es lo que alimentará tu fe. Es entonces cuando verás favor como nunca que te catapultará hacia adelante.

No puedes actuar según lo que ves

Dios puso en el corazón de Nehemías el deseo de reconstruir las murallas derruidas de Jerusalén, pero Nehemías no era constructor; era copero del rey de Persia y vivía a miles de kilómetros de Jerusalén. No tenía ningún recurso, trabajadores o influencia, pero Dios nunca te pide que hagas algo para después no darte la capacidad de hacerlo. Dios le decía a Nehemías: «Caminarás sobre el agua; harás algo que te supera, algo para lo que no estás calificado, algo para lo que no tienes las conexiones o la experiencia». Nehemías podría haberse fijado en las circunstancias y pensar: *Dios, escogiste a la persona equivocada. Nunca cumpliré este sueño.* Pero Nehemías entendió este principio. No actuó según lo que vio; actuó según lo que Dios dijo.

Cuando des un paso de fe, Dios abrirá puertas que nadie podrá cerrar. Él traerá a tu camino a las personas correctas y hará que ocurran cosas que tú no podrías hacer que ocurran. Dios le dio a Nehemías favor con el rey de Persia. El rey no solo le permitió dejar su trabajo, lo cual nunca antes había ocurrido, sino que además le dio una carta que exigía que otras personas le dieran los materiales y los recursos que necesitaba. El proyecto debía haber tomado años, pero Nehemías reconstruyó las murallas en solo cincuenta y dos días. Dios tiene algunas situaciones preparadas para tu futuro en las que caminarás sobre el agua. Conseguirás lo que parece imposible y superarás lo que parece insuperable. Ahora, haz tu parte y no te enfoques en el viento, las olas o las imposibilidades, pues eso solo te desanimará. Enfócate en lo que Dios dijo. Deja que sus promesas resuenen en tu mente una y otra vez. Dale gracias a Dios cada día por el sueño que Él puso en tu corazón. Atrévete a

> Atrévete a creer que las cosas secretas que Él te susurró en la noche están en camino.

creer que las cosas secretas que Él te susurró en la noche están en camino.

Un amigo mío conocía a un anciano que fue piloto de combate en la Segunda Guerra Mundial. Él no solo realizó varias misiones sino que era también entrenador de vuelo de jóvenes, muchos de ellos de solo dieciocho años. Antes de llevarlos a las alturas, pasaban horas repasando los instrumentos, aprendiendo las funciones de cada uno y qué es lo que hacía que el avión funcionara. Él hacía énfasis en la importancia de pilotar siempre el avión guiándose por los instrumentos y no por lo que veían. Pasaban meses y meses en tierra utilizando simuladores de vuelo, pilotando aviones guiándose solamente por los instrumentos. Después de que un joven piloto completó el programa, el entrenador lo llevó a volar. El nuevo piloto estaba haciendo un buen trabajo; todo iba bien como en su entrenamiento, pero unos minutos después se levantó de repente una gran tormenta eléctrica. El avión comenzó a rebotar cuando entró en las nubes oscuras, y llegó el punto en el que no veían nada. En lugar de guiarse por sus instrumentos y seguir su entrenamiento, el joven piloto entró en pánico, mirando alrededor a todas las nubes, la lluvia y la turbulencia del avión. Se desorientó y estaba muy confundido. No era capaz de ver si estaba perdiendo o ganando altitud, e intentaba mirar por la ventana para saber en qué dirección ir. Finalmente, el instructor tomó una cobija que se utilizaba para cubrir el parabrisas del avión cuando estaba estacionado y la aseguró en su lugar. Ahora, el joven piloto no podía ver nada. No tenía otra opción que guiarse por los instrumentos. En solo unos minutos salieron de la tormenta, y después de un rato aterrizaron con toda seguridad.

A veces, como ese joven piloto, sabemos lo que Dios nos prometió; tenemos los instrumentos. Hacemos un buen trabajo en nuestro entrenamiento en tierra. Recitamos la Escritura y creemos, pero cuando la tormenta de las dificultades arrecia, comenzamos a enfocarnos en los problemas y en los obstáculos. Hay mucha turbulencia y no vemos el camino. Demasiadas veces entramos en pánico y vivimos preocupados, pero es necesario regresar a los instrumentos. No puedes guiarte por lo que ves porque eso te desanimará. Tal vez no veas nada más que nubes oscuras; allá donde mires no hay visibilidad. No hay ningún indicio de que todo saldrá bien. Regresa a tus instrumentos. Recuerda lo que Dios te prometió. Ninguna tormenta a la que te enfrentes es una sorpresa para Dios, y no hay problema del que Él no pueda sacarte. Sin embargo, cuando estás bajo presión, cuando la vida se vuelve estresante, es fácil enfocarse en las cosas incorrectas.

¿Estás mirando por la ventana enfocado en la tormenta, o estás enfocado en lo que Dios te prometió? Él ha puesto sueños en tu corazón. Él te ha susurrado cosas en la noche. El enemigo ha intentado ahogarlas con pensamientos y circunstancias negativas, pero esas cosas siguen vivas. Dios terminará lo que comenzó, así que haz tu parte y recuerda lo que Él dijo. Sigue declarando lo que Él prometió y sigue dándole gracias por ello. Si lo haces, creo y declaro que caminarás sobre el agua como hizo Pedro. Desafiarás las probabilidades como hizo Nehemías y cumplirás sueños más grandes de lo que creías posible. Como el piloto, saldrás a salvo de cada tormenta y volarás a nuevas alturas.

> **¿Estás mirando por la ventana enfocado en la tormenta, o estás enfocado en lo que Dios te prometió?**

CAPÍTULO DOCE

Dios tiene la última palabra

El Dios soberano, el Dios que reina, tiene la última palabra y terminará lo que comenzó en tu vida.

Todos tenemos situaciones que parecen permanentes, como si nunca fueran a resolverse. Es fácil desanimarte y pensar que simplemente no podrá ser, y el enemigo hará todo lo que pueda para convencerte de que no hay esperanza. El reporte médico parece demasiado malo. El asesor financiero dice que no hay modo de que puedas pagar tu deuda. Los detractores te dicen una y otra vez que la economía entrará en recesión y tu negocio se vendrá abajo; pero ninguno de ellos está en el trono. Dios está en el trono, y la historia no termina hasta que Él dice que termina. Si Dios está contigo, eso es mucho más poderoso que el hecho de que el mundo esté contra ti. Él no permitirá que caigas en un problema del que no pueda sacarte.

En Daniel 3, Dios no habría permitido que los tres jóvenes hebreos fueran arrojados a un horno de fuego si no hubiera sabido que el fuego no iba a hacerles daño. El rey Nabucodonosor pensó que estaba en control. Pensó que tenía la última palabra. Estaba seguro de que el fuego los consumiría como a todos los demás, pero esta vez no se trataba de personas normales; eran hijos del Dios altísimo. Salieron del horno sin ni siquiera oler a humo. Hay algo en ti que te hace imparable. Tienes una ventaja. El Creador del universo no solo sopló vida en tu interior, sino que también puso un vallado de protección a tu alrededor. Nada puede tocarte sin su permiso. No estás a merced de los problemas, los accidentes, la enfermedad o las personas que están en tu contra. Nada de eso puede detener tu destino.

> El Creador del universo no solo sopló vida en tu interior, sino que también puso un vallado de protección a tu alrededor. Nada puede tocarte sin su permiso.

Algunas personas piensan: *Si tan solo pudiera conseguir caerle bien a mi supervisor, tal vez conseguiría el ascenso.* No, no tienes que intentar agradar a las personas. Cuando vayas a tu trabajo, hazlo lo mejor que puedas y deja brillar tu talento. Cuando llegue el momento de recibir tu ascenso, ni siquiera todas las fuerzas de la oscuridad podrán detenerte. Podrías decir: «No le caigo bien a mi jefe», pero tu jefe no tiene la última palabra. Es solo un peón en las manos de Dios. No estás viviendo tu vida solo; Dios está tras bambalinas tirando de los hilos, orquestando cosas y haciendo que todo obre a tu favor. En el momento correcto, Dios hará que tu jefe te ascienda o lo quitará de en medio. Nadie puede detener tu propósito. Cuando sabes que Dios tiene la última palabra, no vives frustrado e intentando manipular a la gente; mantienes la paz, sabiendo que nada puede detener el plan de Dios.

Él tiene la última palabra

Cuando el profeta Samuel llegó a la casa de Isaí a escoger a uno de sus hijos para que fuera el siguiente rey Israel, Isaí puso en fila a siete de sus hijos y dijo: «Muy bien, Samuel, escoge al que quieras». Isaí

> **Lo que Dios tiene para ti no será para ninguna otra persona.**

ni siquiera se molestó en hacer llamar a su hijo menor, David, que estaba en el campo. Ya había descartado a David, pensando: *Es demasiado pequeño, demasiado joven y no tiene talento, no tiene madera de rey.* Esto habría sido un problema si las personas hubieran tenido la última palabra. Si las personas definieran nuestro destino, nunca habríamos escuchado acerca de David; sin embargo, aunque pueda ser doloroso que las personas no te tengan en cuenta, eso no detiene tu propósito. Samuel dijo: «Isaí, el rey no está entre estos siete hijos. ¿Tienes más hijos?». Esto nos demuestra que lo que Dios tiene para ti no será para ninguna otra persona. Cuando la gente intenta manipular las cosas, desacreditarte o dejarte fuera, no te preocupes. Dios está en el trono. Él está tirando de los hilos y sabía a quién no le ibas a caer bien así como quién iba a intentar derribarte. No tienes que intentar vengarte o poner a la gente en su lugar. Mantén la calma, sigue haciendo lo correcto, y el ascenso llegará a ti.

Isaí mandó llamar a David a la casa. Cuando Samuel lo vio, dijo: «Aquí está el siguiente rey de Israel». Dios no escoge como nosotros escogemos. Nosotros miramos el exterior: el tamaño de una persona, su apariencia, su talento y su personalidad. Dios mira el corazón. Puede que la gente te haya descartado, pero no te preocupes. Dios ya cuenta contigo, y Él invalidará lo que diga la gente. Él invalidará la injusticia. «Joel, estoy en una situación injusta, pero nada cambia». Aún no es el final. No es así como termina tu historia; tu momento se acerca. Igual que ocurrió con David, te mandarán llamar. Dios no se ha olvidado de ti, y lo que Él te prometió sigue en camino. Los problemas no pueden detenerlo ni la gente puede cancelarlo. Las demoras no significan que no vaya a ocurrir, y lo que Dios comenzó, Él lo terminará. Él tiene la última palabra.

No pierdas la fe. No vayas por ahí declarando que no ocurrirá.

«Esta enfermedad será mi final. Nunca me pasan cosas buenas. Nunca cumpliré mis sueños». Cuando dices eso, estás poniendo tus circunstancias en el trono. Estás declarando, de hecho, que las circunstancias tienen la última palabra y que otras personas controlan tu destino. Debes quitar el problema del trono y volver a poner a Dios en ese lugar. Dios es soberano por encima de tus circunstancias, y eso significa que Dios reina sobre todo lo que enfrentas. No solo reina sobre el universo; también reina sobre la enfermedad, sobre tus finanzas y sobre tus hijos.

El apóstol Pedro dice: «Jesús tiene la última palabra sobre todo y todos, desde ángeles hasta ejércitos. Él está al mismo nivel que Dios, y lo que Él dice será hecho». Puede que estés lidiando con una enfermedad y que el reporte médico diga que no sobrevivirás. Esa es una palabra, pero Dios tiene la última palabra. El Dios soberano, el Dios que reina, dice: «Restauraré tu salud». No lo quites a Él del trono. Cuando los pensamientos te digan que nunca te pondrás bien, solamente di: «No, gracias. Conozco un secreto: mi Dios tiene la última palabra. La enfermedad puede opinar, la depresión puede opinar, la injusticia puede opinar, pero tengo algo que decirles. Sus opiniones están sujetas al Dios que me creó. El Dios altísimo invalida lo que ellas dicen; Él tiene la última palabra en todo y sobre todos».

> «Jesús tiene la última palabra sobre todo y todos, desde ángeles hasta ejércitos. Él está al mismo nivel que Dios y lo que Él dice será hecho».

Lo que Él promete ocurrirá

Dios le prometió a Abraham que él y su esposa Sara tendrían un bebé, pero ellos eran demasiado ancianos. Sara había pasado por los cambios de la vida. En lo natural, era imposible que ella tuviera un hijo. A veces, Dios pondrá cosas en tu corazón que no tienen sentido para tu mente. Es fácil descartarlas y pensar que nunca podrán ocurrir, pero la Escritura dice: «Abraham no se enfocó en la debilidad de su propio cuerpo ni en la esterilidad del vientre de Sara». No negó que su vientre era estéril. No ignoró los hechos; simplemente no se enfocó en eso. No iba por ahí diciendo que era imposible y que nunca podría ocurrir. Sabía que Dios no le habría dado la promesa si Él no fuera a cumplirla. Si quieres mantener la fe, haz como Abraham y no te enfoques en lo que se ve muerto. No te enfoques en lo que parece imposible. ¿Pasas más tiempo pensando en el problema o en la promesa? ¿Hablas más sobre cuán grande es el reto o sobre cuán grande es tu Dios?

Si Sara hubiera ido a hacerse un chequeo, el médico le habría dicho: «Lo siento, pero eres demasiado anciana para tener un hijo. Tu vientre ya no es fértil. Esperaste demasiado tiempo, y ya no es posible». Ningún médico le habría dicho que tenía alguna probabilidad de quedar embarazada. No permitas que la gente te convenza para dejar de creer en lo que Dios puso en tu corazón.

> Haz como Abraham y no te enfoques en lo que se ve muerto. No te enfoques en lo que parece imposible.

No permitas que los expertos te convenzan de que no ocurrirá. Recuerda que los expertos construyeron el *Titanic,* y se hundió; el arca la construyeron unos aficionados, y flotó. En ocasiones, los expertos pueden estar equivocados. Ellos no saben lo que Dios puso en tu interior y no pueden ver las semillas de grandeza que se encuentran ahí. En tus propias fuerzas, lo que están diciendo puede ser verdad, pero la fuerza más poderosa del universo está soplando a tu favor.

Que no te convenzan de lo contrario

Dios tiene la última palabra en lo que a tus sueños se refiere. Puede que la gente te haya desanimado, pero lo que Él prometió está en camino. Él tiene la última palabra sobre tu salud. Quizá todavía no ha ocurrido, pero la sanidad está en camino. Él tiene la última palabra sobre tus hijos. Sabe cómo llamar la atención de un hijo que se ha desviado del camino. Él dice: «Tú y tu casa servirán al Señor». Una cosa sería que Dios tuviera una opinión (eso nos animaría), pero es que Dios tiene la última palabra. Él invalida todo aquello que intenta detenerte. La oposición que enfrentas y la gente que está en tu contra tienen una opinión. Tal vez parece que te están deteniendo, pero en realidad te están preparando. Cuando más intenten detenerte, más lejos te lanzará Dios. Él tiene la última palabra.

Cuando Abraham tenía cien años y Sara noventa, veinticinco años después de la promesa, entraron en la última palabra. Sara dio a luz un hijo. Dios invalidó las leyes de la naturaleza, invalidó lo que decían los expertos e invalidó los errores que ellos habían cometido. Si Abraham estuviera aquí hoy, te diría que no permitas que las circunstancias te convenzan para que dejes de creer en lo que Dios puso en tu corazón.

> Dios invalidó las leyes de la naturaleza, invalidó lo que decían los expertos e invalidó los errores que ellos habían cometido.

Puede parecer que está muerto, puede parecer demasiado tarde y puede que todos los expertos te digan que es imposible, pero yo puedo decirte de primera mano: «Dios tiene la última palabra».

Piensa en José en el Antiguo Testamento. Sus hermanos tenían una opinión: tenían envidia, lo traicionaron y lo vendieron como esclavo a Egipto. Potifar, el hombre para el que trabajaba, tenía una opinión:

metió a José en la cárcel cuando su esposa mintió sobre él. José fue bondadoso con un compañero de celda, interpretando su sueño y animándolo, pero cuando el prisionero fue puesto en libertad se olvidó de José. Había muchas voces y circunstancias negativas en la vida de José. Pudo haberse amargado, pero entendía que Dios tiene la última palabra. Después de todas las decepciones y los obstáculos, a José lo sacaron de repente de la cárcel y lo convirtieron en el primer ministro de Egipto. Cuando Dios tiene la última palabra, toda la injusticia y las demoras habrán valido la pena. Puede que te estés quedando atrás, pero no estás perdiendo el tiempo; un toque del favor de Dios te hará avanzar cincuenta años en el camino; no en edad sino en influencia, en posición y en oportunidades.

Yo creo que estás a punto de ver a Dios intervenir e invalidar todo lo que te ha estado obstaculizando, como hizo con José. Hiciste lo correcto, honrando a Dios y siendo bondadoso con los demás, y ahora Dios está a punto de aparecer en escena. Estás a punto de ver su última palabra en tu salud, en tu carrera y en tus finanzas. Esa lucha parecía permanente. Parece que nunca saldrías adelante, pero Dios está a punto de invalidar la escasez, las limitaciones o las personas que te han retenido. Está a punto de catapultarte a nuevos niveles de abundancia y aumento. La última palabra es esta: «Prestarás y no pedirás prestado. Estás por encima y no por debajo». Tal vez te criaron en un hogar disfuncional, con adicciones y con depresión. La última palabra se acerca; Dios está a punto de romper los yugos que te han impedido avanzar para que puedas llegar a ser quien fuiste creado para ser. La última palabra es libertad, restauración, abundancia y victoria.

> **Dios está a punto de aparecer en escena. Estás a punto de ver su última palabra en tu salud, en tu carrera y en tus finanzas.**

Las cosas en las que te has rendido

En la Escritura, María, Marta y su hermano Lázaro eran amigos cercanos de Jesús. Lázaro se puso muy enfermo mientras Jesús estaba en otra ciudad. Marta mandó buscar a Jesús para que fuera a orar por su

> **¿Alguna vez te ha parecido que Dios llegó demasiado tarde en algo?**

hermano. Habían visto a Jesús sanar a personas, abrir los ojos de los ciegos y hacer que los paralíticos caminaran. Sabían que había transformado agua en vino y podía hacer milagros. Jesús recibió la noticia de que Lázaro estaba enfermo, pero se quedó en la ciudad donde estaba. Pasó un día, luego dos y luego tres. Entonces, la peor pesadilla se hizo realidad: Lázaro murió. Estaban muy tristes. Finalmente, cuatro días después, Jesús llegó. ¿Alguna vez te ha parecido que Dios llegó demasiado tarde en algo? Oraste, permaneciste en fe, pero el reporte médico no era bueno y el problema no cambió; el negocio no sobrevivió. Cuando Marta vio a Jesús, estaba muy decepcionada. Dijo: «Jesús, si hubieras llegado antes, mi hermano no habría muerto». Marta podría haberse marchado y haber vivido en amargura, y ese habría sido el final de la historia, pero dijo: «Sé que, incluso ahora, cualquier cosa que pidas a Dios, Él la hará». Lo que estaba diciendo era: «No parece haber esperanza. Parece imposible. Pero sé que tú tienes la última palabra».

Jesús les dijo: «Llévenme al lugar donde enterraron a Lázaro. Llévenme a la tumba». Lo que estaba diciendo era: «Llévame al lugar donde dejaste de creer. Llévame al lugar en el que renunciaste a ese sueño, en el que decidiste que nunca te pondrías mejor o que no conocerías nunca a la persona correcta». Si no regresas a ese lugar y avivas tu fe, dándole gracias a Dios porque Él tiene la última palabra, estarás limitando lo que Dios puede hacer. Ellos regresaron a la tumba y Jesús les dijo que quitaran la piedra. Marta dijo: «Señor, lleva muerto cuatro días; apestará». La piedra representa aquello en lo que te has rendido. Crees que ha pasado demasiado tiempo y que ya no puede ocurrir, así que pones la piedra encima de la promesa, pones la piedra encima del sueño. Tienes que hacer tu parte y quitar la piedra. Tienes que comenzar a creer de nuevo. Recupera tu pasión.

> **Lo que Dios dice en la Escritura es la última palabra.**

Ellos quitaron la piedra, pero Jesús no entró y puso las manos sobre Lázaro como lo hizo con el hombre ciego y muchas otras personas que fueron sanadas. Esta vez habló diciendo: «Lázaro, ¡sal fuera!». De repente, Lázaro despertó. Salió de la tumba porque el Señor habló. Puede que Jesús no esté aquí en persona, pero nosotros tenemos lo mismo que tenía Lázaro. Puedes salir al oír una palabra de Dios. Él dice: «Vivirás y no morirás». Deja que eso eche raíces, y podrás salir gracias a esa palabra. «Cualquier cosa que toques prosperará y tendrá éxito». Esa sí que es una palabra con la que puedes salir. «A quien el Hijo hace libre es verdaderamente libre». Esa palabra rompe cadenas. Lo que Dios dice en la Escritura es la última palabra.

El hecho de que Jesús esperó cuatro días para ir y orar por Lázaro es importante. Sabía que Lázaro estaba enfermo. Podría haber ido el primer día y haberlo sanado, ahorrándose muchos problemas. También podría haber ido el segundo día y no haberles hecho pasar por tanto dolor, pero la demora siempre tiene una razón de ser. Puede que no la

> **¿Mantendrás la fe cuando Dios está en silencio?**

entendamos, pero Dios sabe lo que hace. Si Marta hubiera seguido siendo negativa y se hubiera llenado de amargura, podría haber impedido el milagro. Este es el punto que muchas personas pasan por alto.

Mientras estás esperando que una situación cambie, esperando que tus circunstancias mejoren o esperando que un hijo regrese al camino, estás atravesando una prueba. ¿Mantendrás la fe cuando Dios está en silencio? ¿Esperarás con una buena actitud, dándole gracias a Dios porque Él tiene la última palabra cuando nada está cambiando? La manera en que esperas determinará si tu situación cambia o no.

En aquellos tiempos, los saduceos eran uno de los grupos religiosos que se oponían a Jesús. Ellos creían que el espíritu abandonaba el cuerpo tres días después de que una persona muriera. No es una coincidencia que Jesús esperara hasta el cuarto día para llegar; lo hizo para que, cuando resucitara a Lázaro, no hubiera dudas. A veces, Dios espera a propósito no solo para que estés seguro de que ha sido su favor en acción, sino que también lo sepan tus amigos, tus familiares, tus compañeros de trabajo y las personas que te critican. No podrán negar la bondad de Dios en tu vida.

Él ha planeado tus días

Hablé con una mujer a cuyo hijo le diagnosticaron distrofia muscular a los seis años. Llegó al punto en el que no podía caminar, y cuando tenía doce años se sometió a una cirugía en sus pies y talones. Era un procedimiento rutinario, pero algo salió mal. Acabó en la UCI conectado a un ventilador e incapaz de respirar por sí mismo. Su corazón, sus pulmones y sus riñones comenzaron a fallar y le tuvieron que poner en diálisis. Los médicos le dijeron a su madre que no parecía que sobreviviría. Ella seguía orando y creyendo, pero todo iba cuesta abajo. Llegó al punto en el que tuvieron que conectarlo a una máquina que hiciera la función de su corazón y sus pulmones. Básicamente estaba en soporte vital, esperando a fallecer. Fueron a buscar los papeles para que la madre los firmara. Mientras ella esperaba, el médico entró corriendo y dijo: «¡Espera! No tienes que firmar. Ha habido un cambio». Los médicos no podían explicarlo, pero su corazón comenzó a funcionar de repente, su presión arterial se estabilizó y sus pulmones comenzaron a recuperar su función. No podían entender cómo era posible que estuviera muriendo y de un momento a otro estuviera regresando a la vida.

Dios tiene la última palabra. Si no es el momento de que partas, no partirás. La Escritura dice: «Dios cumplirá todo el número de tus días». Tú no tienes que hacerlo; es Dios quien lo hará. Nada puede arrebatarte de sus manos. Una enfermedad no puede llevarte antes del tiempo que Dios ha estipulado para ti. «Bueno, Joel, mi ser querido no sobrevivió». Entonces es que su tiempo había terminado. Cumplió todos los días que Dios había planeado para Él. No se fue al cielo sin previo aviso. No llegó mientras Dios decía: «¡Vaya! No te vi llegar». Fue Dios quien lo llamó a casa; Él lo recibió en sus brazos. Decir que la enfermedad se llevó a tu ser querido antes de tiempo es decir que la enfermedad es más grande que nuestro Dios. Tal vez no lo entendamos y tal vez no nos gusta, pero puedes estar seguro de que Dios tiene la última palabra. El planeó tus días desde antes que nacieras, y prometió que cumpliría la totalidad de ellos.

> Decir que la enfermedad se llevó a tu ser querido antes de tiempo es decir que la enfermedad es más grande que nuestro Dios.

El joven se recuperó completamente. Ahora tiene veinticinco años. Puede caminar, ya no está en diálisis, y su corazón y sus pulmones están bien. Está cumpliendo su propósito. Quizá estás enfrentando una situación como la que enfrentó esta madre; una situación que parecía que nunca cambiaría: un sueño que parece imposible o una adicción que parece permanente. Yo creo que escucharás lo que ella escuchó: «Hubo un cambio repentino. Ocurrió algo que no podemos explicar». Pensabas que habías alcanzado tu límite y habías llegado todo lo lejos que podías cuando, de repente, te ascienden porque tu empresa quiere que seas el jefe de tu departamento. Después de tantos años pensabas que lucharías contra la adicción para siempre, pero prepárate: está a punto de llegar un cambio repentino. Las fuerzas de la oscuridad están siendo quebrantadas, y cualquier área de tu vida en la que no estés viviendo en victoria no es permanente; es temporal. Se acerca la última palabra.

La historia no termina hasta que Dios lo dice

Mi cuñado Don se graduó de la Universidad A&M de Texas y es muy fan del equipo de fútbol americano de los Aggies. En el 2018 estaba viendo un partido importante contra uno de sus principales rivales. El partido estaba muy reñido, y todo dependía de la posesión final... solo quedaban unos segundos. Los Aggies debían anotar para empatar el partido, pero el quarterback lanzó una intercepción y el equipo contrario se apoderó del balón. Rociaron a su entrenador con Gatorade y comenzaron a celebrar saliendo al campo a correr; los fans del equipo rival enloquecieron. Don estaba tan enojado que no solo apagó el televisor sino que también borró la grabación de su DVR. Ni siquiera quería tener el partido en sus archivos. Media hora después, un amigo le envió un mensaje diciendo: «¡Este partido es increíble!». Don pensó que su amigo debió haberlo grabado y lo estaba viendo de nuevo, pero después entró a Twitter y vio una oleada de comentarios. Resultó que, antes de que el quarterback de los Aggies lanzara la intercepción, había puesto su rodilla en el suelo. Eso significaba que la jugada había terminado. Los árbitros la revisaron y devolvieron el balón a los Aggies. Entonces anotaron y empataron el partido. El partido pasó a la prórroga; después a una segunda prórroga, después a una tercera prórroga y en la séptima prórroga los Aggies ganaron el partido. Fue uno de los mejores partidos en la historia del fútbol universitario.

A veces, en la vida hacemos como Don y apagamos el partido demasiado pronto. Pensamos que nunca nos pondremos mejor, que nunca conoceremos a la persona correcta o que nunca cumpliremos un sueño. Lo intentamos, pero no funcionó. Parece que la oposición ha ganado; ahora celebran y rocían al entrenador con Gatorade. ¿Puedo decirte que la historia no termina hasta que Dios dice que termina? Deberías regresar y mirar de nuevo. Tu historia no termina en derrota; termina en victoria. Por el camino puede haber contratiempos temporales (momentos en los que parezca que no es posible, que es demasiado tarde), pero Dios tiene caminos que a ti ni siquiera se te habían ocurrido. Recupera tu pasión y comienza a creer de nuevo. El partido no ha terminado.

> **Tu historia no termina en derrota; termina en victoria.**

Esto es lo que ocurrió hace más de dos mil años. Satanás y todas las fuerzas de la oscuridad estaban celebrando. Ya habían lanzado el confeti, rociado el Gatorade y comenzado su fiesta para celebrar la victoria. Por fin habían derrotado a Jesús; lo habían visto ser clavado en una cruz y dar su último aliento, pero no se habían dado cuenta de que Jesús había profetizado no solo acerca de su muerte sino también acerca de su resurrección. Entendieron la primera parte del mensaje, pero no llegaron a la última palabra. Jesús dijo: «Destruyan este templo y yo lo levantaré de nuevo en tres días». Como no tenía una tumba propia, Jesús fue enterrado en la tumba que era propiedad de José de Arimatea. Jesús estaba diciendo, de hecho: «No necesito comprarla. Solo usaré la tumba de José por tres días». Satanás había escuchado solo lo que quería escuchar; tenía oído selectivo. Mientras todos estaban de fiesta haciendo una gran celebración, Jesús apareció, se llevó las llaves de la muerte y el infierno, y dijo: «Yo soy el que vive. Estaba muerto pero vivo para siempre».

Puede que hoy el enemigo esté celebrando por ti, pensando que estás acabado. Cree que te ha convencido para que pienses que tus mejores días ya pasaron y que siempre serás adicto y estarás deprimido y solo. Debes dejarle saber: «No escuchaste la última palabra. Puede que haya caído, pero me levantaré. Quizá estoy luchando contra una enfermedad, pero la sanidad está en camino. Este problema en mi matrimonio no es permanente; la restauración está en camino. Este revés en mis finanzas no es el final de mi historia; la abundancia está en mi futuro». La última palabra dice que tus días postreros serán mejores que tus días primeros. La última palabra dice que Dios terminará lo que comenzó en tu vida. La última palabra dice que vivirás y no morirás.

Ahora, ponte de acuerdo con lo que Dios dice. Regresa a esos lugares en los que dejaste de creer y aviva tu fe. ¿Quién te dijo que ya no había esperanza? Esa no era la última palabra. Igual que con Lázaro, puede que hayas estado muerto, pero creo y declaro que regresas a la vida. Estás a punto de ver a Dios actuar. Está a punto de llegar un gran cambio:

> ¿Quién te dijo que ya no había esperanza? Esa no era la última palabra.

sanidad repentina, oportunidades repentinas, ascenso repentino y avances repentinos. Lo que pensabas que era permanente está a punto de cambiar a tu favor. Dios no solo va a cumplir promesas y a hacer que los problemas se volteen, sino que también hará que todo salga mejor de lo que nunca imaginaste.

COMIENZA A ORAR
AUDAZMENTE HOY

Es emocionante saber que, cuando ejercitas tu fe de maneras poco comunes, verás a Dios hacer cosas poco comunes. El apóstol Juan escribió: «Esta es la seguridad que tenemos al acercarnos a Dios: que si pedimos algo conforme a su voluntad, Él nos oye. Y si sabemos que nos oye (cualquier cosa que pidamos), sabemos que recibiremos lo que hayamos pedido». Si estás pidiendo conforme a la voluntad de Dios, puedes estar seguro sabiendo que la respuesta es sí.

Ya sea que lleves mucho tiempo esperando una respuesta a una situación difícil, estés enfrentando un obstáculo que parece demasiado grande, o necesites fuerzas para superar una temporada de sequía, las siguientes oraciones aumentarán tu fe y te ayudarán a hacer oraciones que muevan la mano de Dios. Puedes orar pidiendo paz y consuelo, puedes pedir por tu familia y tu salud, o por tus sueños y tus metas. A medida que vayas haciendo tuyas estas oraciones orarás con confianza, y es entonces cuando verás al Creador del universo comenzar a actuar. Hacer oraciones audaces te pondrá en el buen camino. Entrarás a temporadas nuevas en tu vida de oración y transformarás los retos en victorias, el dolor en esperanza y la frustración en nuevo favor.

Estas oraciones se basan en las promesas de la Palabra de Dios, que es donde descubrimos su voluntad. No tienes que rogar, no tienes por qué dudar, y no tienes que seguir pidiendo. Solo cree y recibe sus promesas en tu espíritu y acepta su sí por fe. Después da el siguiente paso, sigue dándole gracias por lo que has recibido, y verás lo que Dios hará.

30 ORACIONES AUDACES

Por libertad del remordimiento y la culpa

Padre, gracias porque eres un Dios misericordioso que borra mis errores y ya no recuerda mis pecados. Gracias porque, cuando Jesús declaró «Consumado es» en la cruz, significaba que Él había pagado el increíble precio por los errores de mi pasado, que me liberaba de la culpabilidad y la vergüenza, y que rompía las cadenas del remordimiento por las cosas que he hecho. Declaro que soy perdonado, redimido y libre de la condenación. Declaro: «vergüenza, ¡largo de aquí!» a cualquier cosa que intente hacerme sentir indigno. Cuando comiencen las voces acusadoras, simplemente las apagaré. Ayúdame a dejar ir el pasado, a caminar en el gozo de mi salvación, y a creer que tus misericordias son nuevas cada mañana. En el nombre de Jesús, amén.

> *«Oh, qué alegría para aquellos a quienes se les perdona la desobediencia, a quienes se les cubren los pecados. Sí, qué alegría para aquellos a quienes el Señor les borró el pecado de su cuenta».*
>
> Romanos 4:7–8 NTV

Por una nueva visión

Padre, gracias porque tú eres el Dios que creó el mundo con solo hablar, el Dios que siempre está haciendo algo nuevo, y porque tus planes para mi vida siempre son buenos. Gracias porque estás soplando nueva visión y nuevas fuerzas en mí, nuevas temporadas, nuevos sueños, nuevas relaciones, nuevos comienzos. Creo que, incluso en este momento, estás actuando de maneras que aún no veo y estás a punto de hacer algo nuevo. Ayúdame a deshacerme de todos los pensamientos negativos que me limitan, y abre mis ojos a la abundancia y las cosas buenas que quieres traer a mi vida. Extiendo mi visión y hago espacio para la abundancia y las bendiciones. Declaro que nada detendrá lo que tú tienes preparado. En el nombre de Jesús, amén.

> *«Olvida lo que ha ocurrido; no sigas repasando la historia antigua. Mantente alerta, mantente presente. Estoy a punto de hacer algo nuevo. ¡Es imposible contenerlo! ¿No lo ves?».*
>
> Isaías 43:18–19 MSG (TRADUCCIÓN LIBRE)

Por sanidad y restauración

Padre, gracias porque tú eres Jehová Rafa, el Señor mi sanador y hacedor de milagros. Gracias porque tú dices que tu voluntad es sanar todas las enfermedades y restaurar mi salud. Tu Palabra dice que por las llagas de Jesús yo soy sano, y que tu deseo para mí es que tenga una vida larga y saludable que sea realmente satisfactoria. Declaro que la enfermedad no tiene ningún derecho sobre mi cuerpo, y me acerco con audacia para recibir todas las bendiciones y el poder sanador de Jesús. Abre mis ojos para ver todo lo que Él ha hecho por mí y para recibir la restauración que Él compró para mí en la cruz. Declaro que en mi interior fluyen sanidad, restauración, fuerza y vitalidad ahora mismo, y que mi juventud está siendo renovada como la del águila. En el nombre de Jesús, amén.

> *«Porque Yo te devolveré la salud, y te sanaré de tus heridas», declara el SEÑOR,*
>
> Jeremías 30:17 NBLA

Por gozo

Padre, gracias porque puedo acercarme con confianza a tu presencia, donde hay plenitud de gozo aquí y ahora, porque Jesús abrió un camino para mí. Gracias porque eres mi Dios, mi sumo gozo, y me llenas de una alegría inexpresable. Da igual lo que enfrente hoy; recibo tu gozo para que sea mi fuerza como un río abundante que surge de dentro y fluye más profundamente que mis altibajos emocionales. Me niego a permitir que las personas y las circunstancias me enojen y roben mi gozo. He decidido regocijarme en ti y estar contento. Ayúdame a poner una sonrisa en mi rostro y a llevar gozo dondequiera que vaya. En el nombre de Jesús, amén.

Ustedes lo aman a pesar de no haberlo visto; y aunque no lo ven ahora, creen en él y se alegran con un gozo indescriptible y glorioso.

1 Pedro 1:8 NVI

Para dejar ir

Gracias porque no hay otro Dios como tú, el Dios altísimo. Gracias porque siempre vas por delante en mi vida preparando el próximo nivel, y no estás en el pasado. Ahora mismo dejo ir cualquier bagaje negativo derivado de cargar ofensas del pasado, errores, remordimiento y culpabilidad. Decido dejar ir todo enojo y amargura, y perdonar a otros por sus ofensas pasadas. Ayúdame a enterrar de una vez por todas el desánimo, las decepciones, la culpa, el temor y las dudas del ayer como muertos que están, y a dejar atrás el pasado. Me haré experto en dejar ir lo viejo, mirando adelante y concentrando mi energía en seguir avanzando hacia todas las cosas buenas que tienes preparadas para mí. En el nombre de Jesús, amén.

Pero me concentro únicamente en esto: olvido el pasado y fijo la mirada en lo que tengo por delante.

Filipenses 3:13 NTV

Por superar la ansiedad y la preocupación

Padre, gracias porque tú eres el Buen Pastor que me hace descansar junto a aguas de reposo. Gracias por estar en el trono de mi vida y tener mi salud, mis finanzas, mi familia y mis circunstancias en la palma de tu mano. Tengo la promesa de que tú llevarás a cabo tus planes para mi vida porque tu fiel amor perdura para siempre. Decido dejar ir los pensamientos de preocupación que me atrapan con ansiedad, temor y desánimo, y pongo mis necesidades ante ti porque tú eres mayor que todas ellas. Recibo tu paz y descanso sobrenaturales, sabiendo que proveerás para cualquier cosa que necesite en todas las temporadas de mi vida. En el nombre de Jesús, amén.

No se preocupen por nada; más bien, en toda ocasión,
con oración y ruego, presenten sus peticiones a Dios y
denle gracias. Y la paz de Dios, que sobrepasa todo
entendimiento, cuidará sus corazones y sus pensamientos
en Cristo Jesús.

Filipenses 4:6–7 NVI

Por victoria en la batalla

Padre, gracias porque tú eres el gran Dios, el Rey de reyes, el poderoso guerrero que salva. Tuya es la grandeza, el poder, la gloria, la victoria y la majestad. Gracias por la promesa de una victoria aplastante mediante el triunfo de Jesús sobre la tumba y todas las fuerzas de la oscuridad. Tu Palabra dice que tú peleas mis batallas y me haces más que vencedor; me haces ganador y nunca víctima de las circunstancias. Declaro que tu poder que me fortalece en los momentos de dificultad es más grande que la mayor fuerza que pueda salir contra mí. Permaneceré en paz sabiendo que ningún obstáculo que se interponga en mi camino puede detener tus planes. Creo que harás mucho más abundantemente de todo lo que pudiera pedir o pensar. En el nombre de Jesús, amén.

Aún en todas estas cosas somos más que vencedores y tenemos una victoria arrolladora a través de Aquel que nos amó.

Romanos 8:37 AMP (TRADUCCIÓN LIBRE)

Por victoria sobre el temor

Padre, gracias porque tú eres mi luz y mi salvación, la fortaleza de mi vida y el guardián de mi alma. ¿De quién temeré? Gracias porque, independientemente de lo que pase en mi vida, tengo tu promesa de que estarás conmigo y siempre me llevarás en victoria por medio de Jesús. Acudo ante tu presencia y declaro que tu perfecto amor echa fuera mi temor. Declaro que ningún arma forjada contra mí prosperará. Declaro con valentía que con tu poder tengo las fuerzas para hacer cualquier cosa. Decido cerrar la puerta al temor guardando lo que digo, lo que escucho y las cosas en las que medito. Viviré desde un lugar de paz, sabiendo que estoy seguro en la palma de tu mano. No temeré. Creeré. En el nombre de Jesús, amén.

> *Pero Jesús, oyendo lo que se hablaba, dijo al oficial de la sinagoga: «No temas, cree solamente».*
>
> Marcos 5:36 NBLA

Por tu familia

Padre, gracias porque eres el Creador del universo así como de mi familia, y porque todo buen regalo y todo don perfecto que disfrutamos vienen de ti, el Padre de las luces. Gracias por amar a mi familia con amor eterno. Eres nuestro refugio, nuestra fortaleza, nuestro Dios, y es en ti en quien confiamos. Ayúdame a valorar a mis seres queridos como maravillosos regalos, a declarar sobre ellos palabras de vida, de fe y a animarlos, así como avivar sus sueños y darles permiso para tener éxito. Úsame para mostrarles cuán profundo es tu amor por ellos. Que el gozo, la risa, la paz y el entendimiento llenen nuestros tiempos juntos, y que tú hagas que nuestros corazones sean uno. Creo que tú estás llevando a mi familia al siguiente nivel. En el nombre de Jesús, amén.

> *Pero en cuanto a mí y a mi familia, nosotros serviremos al Señor.*
>
> Josué 24:15 NTV

Por tus finanzas

Padre, gracias porque eres Jehová-jiré, el Señor mi proveedor. Gracias por tu promesa de suplir todas mis necesidades según tus gloriosas riquezas en Cristo Jesús. Gracias porque dices que aún en la escasez los justos tendrán más que suficiente. Creo en que tú eres mi fuente, no la economía o mi trabajo, y que estoy conectado a una cadena de suministro que nunca se agotará. Dame sabiduría para manejar mis finanzas, y guárdame de tomar decisions insensatas. Creo que tú te deleitas en prosperarme y que puedo utilizar mis finanzas como una herramienta para hacer el bien. Declaro abundancia para poder bendecir a otros. Declaro favor sobre mis finanzas y pongo mi confianza en ti. En el nombre de Jesús, amén.

> *Acuérdate del Señor tu Dios, porque Él es el que te da poder para hacer riquezas.*
>
> Deuteronomio 8:18 NBLA

En momentos de decepción

Padre, gracias porque tú eres el Dios que va delante de mí y nivela las montañas de la decepción y el desánimo. Gracias porque devuelves gloria en lugar de ceniza, aceite de gozo en lugar de luto y un manto de alegría en lugar del espíritu angustiado. Cuando se cierren puertas, cuando lleguen el dolor y las dificultades, alguien me abandone o los planes fallen, ayúdame a recordar que tú sigues en el trono y que mi futuro está en tus manos. Creo que tú puedes hacer que lo injusto se vuelva positivo, lo amargo sea dulce, un no sea un sí, la interrogación sea una exclamación y la derrota sea una victoria. Tú prometes que mi esperanza y mi expectativa en ti nunca serán decepcionadas, que diriges mis pasos en medio de las decepciones, y que mi camino se volverá más y más brillante. Declaro que seguiré siendo la mejor versión de mí mismo, sirviendo, dando y amando ahí donde estoy. En el nombre de Jesús, amén.

> *El Señor mismo marchará al frente de ti y estará contigo; nunca te dejará ni te abandonará. No temas ni te desanimes.*
>
> Deuteronomio 31:8 NVI

En momentos de duda

Padre, gracias porque tú eres amor, porque me amas tal como soy y porque quieres que el verdadero yo se acerque a ti. Gracias porque nunca me culpas por ser sincero con respecto a mis dudas, mis luchas, mis debilidades o mis temores. Cuando la duda susurra en mi mente o cuando el enemigo intenta hacerme cuestionar lo que tú has dicho en tu Palabra, ayúdame a recordar que ninguna palabra tuya ha fallado jamás y eso es razón suficiente para no dudar nunca de tus promesas. Hoy resisto al enemigo y a sus mentiras, firme en mi fe, y alejo de mí el ruido de las dudas. Decido ignorar la voz de la duda y solamente escuchar y obedecer la voz de la fe. Creo que tus palabras y promesas para mí se cumplirán. Aumenta mi fe para creer en grande, soñar en grande, orar en grande y pensar en grande. En el nombre de Jesús, amén.

El padre clamó: «Entonces creo. ¡Ayúdame en mi incredulidad!»

Marcos 9:24 MSG (TRADUCCIÓN LIBRE)

En momentos difíciles

Padre, gracias porque eres mi fortaleza y mi refugio en los momentos difíciles, y porque me rodeas con un escudo de favor en todo momento. Gracias porque escuchas cada oración que susurro en la oscuridad y en medio de las temporadas de dificultades y presión, momentos de silencio, momentos de esperar pacientemente, o temporadas de oposición y dolor. Tu Palabra dice que tú refinas mi vida con fuego y utilizas todas las pruebas de mi fe para prepararme para vencer y perseverar en las cosas mayores que están por llegar: mayor honor, gozo, oportunidades y victoria. Tengo confianza total al seguir avanzando en fe en que tú abrirás un camino en medio de las dificultades y me asombrarás con lo que has planeado. Declaro que saldré mejor de lo que estaba. En el nombre de Jesús, amén.

> *Pues nuestras dificultades actuales son pequeñas y no durarán mucho tiempo. Sin embargo, ¡nos producen una gloria que durará para siempre y que es de mucho más peso que las dificultades!*

> 2 Corintios 4:17 NTV

Para creer lo imposible

Padre, gracias porque no hay otro Dios como tú, tan majestuoso en santidad, asombroso en gloria y que obra maravillas a través de tu poder para hacer infinitamente más de lo que puedo pedir o imaginar. Gracias porque un solo toque de tu favor puede separar las aguas de un Mar Rojo, cerrar la boca de leones, abrir los ojos de los ciegos y resucitar a los muertos. Yo estoy limitado, pero tengo un suministro ilimitado de todo lo que necesito en esta vida. Creo que tú tomas los panes y los peces de mi vida (mis sueños y metas) y los multiplicas cuando los entrego en tus manos. Cuando tú pongas en mi corazón una promesa que parece imposible o demasiado grande, quiero responder siempre con tres palabras sencillas: «Señor, yo creo». Tú eres especialista en hacer lo imposible y tienes la última palabra. Mis ojos están puestos en ti para que hagas lo que solo tú puedes hacer. En el nombre de Jesús, amén.

> *Jesús los miró fijamente y dijo:*
> *—Humanamente hablando, es imposible, pero no para*
> *Dios. Con Dios, todo es posible.*
>
> Marcos 10:27 NTV

Para romper una adicción

Padre, gracias por ser el Dios que tiene toda autoridad en el cielo y en la tierra para hacerme libre de cualquier adicción o mal hábito que me ha mantenido cautivo. Gracias porque, cuando Jesús conquistó la muerte en la cruz, quebrantó el poder del enemigo, y porque todas las fortalezas en mi mente y todas las fuerzas que intentan detenerme están cayendo en mi vida. Ninguna cadena de esclavitud es demasiado grande o demasiado fuerte para ti. Creo que, como el mismo Espíritu que levantó a Cristo de los muertos vive en mi interior, soy tu hijo y no soy esclavo de nada. Soy fuerte, soy un vencedor y todo lo puedo en Cristo que me fortalece. Ato todo lo que me detiene en el nombre de Jesús, y creo que mi liberación ya es un hecho en el mundo invisible y está de camino. Estoy entrando a la libertad y restauración completas. Declaro que soy verdaderamente libre. En el nombre de Jesús, amén.

> *«Así que, si el Hijo te hace libre, entonces eres verdaderamente libre».*
>
> Juan 8:36 AMP (TRADUCCIÓN LIBRE)

Para recibir dirección

Padre, gracias por la promesa de que tú me guiarás en los mejores caminos para mi vida si te pongo primero en todo lo que hago. Gracias porque me has dado tu Palabra como lámpara a mis pies, luz en el camino, y me has dado un oído interno para escuchar tu voz apacible y delicada y saber la dirección que debo tomar. Ayúdame a ser sensible y a escuchar con claridad cualquier alarma, indicaciones, sugerencias, y ser rápido para obedecer. Cuando me sienta confundido y lleno de incertidumbre, haz que me sea fácil ver el camino y que lo que parezcan desvíos obren a mi favor. Dijiste que, si necesitaba sabiduría podía pedirla y tú la darías, así que ahora la pido. Ayúdame a tomar decisiones que te honren. Creo que donde tú me guíes y me lleves es mejor de lo que podría imaginar. En el nombre de Jesús, amén.

> *Yo te instruiré, yo te mostraré el camino que debes seguir;*
> *yo te daré consejos y velaré por ti.*
>
> Salmos 32:8 NVI

Para perdonar a alguien

Padre, gracias porque estás lleno de misericordia y perdón, me has perdonado, has limpiado el veneno de mi propios pecados y me has hecho libre. Gracias por mostrarme tu gracia, tu misericordia y tu bondad una y otra vez cuando no lo merecía, y gracias porque yo puedo hacer lo mismo con los demás. Ayúdame a perdonar siempre a los demás rápidamente por cualquier ofensa contra mí, soltando las ofensas del pasado y el dolor antes de que la amargura pueda entrar en juego. No esperaré a que la otra persona pida perdón o haga lo que creo que debería hacer, sino que dejaré mis ofensas en tus manos y seguiré avanzando. Ayúdame a tener un corazón libre del resentimiento, la amargura y la venganza. Declaro que quiero amar a otros con tu amor y cubrir sus faltas y debilidades. En el nombre de Jesús, amén.

Sean comprensivos con las faltas de los demás y perdonen a todo el que los ofenda. Recuerden que el Señor los perdonó a ustedes, así que ustedes deben perdonar a otros.

Colosenses 3:13 NTV

Para dar un paso de fe

Padre, gracias porque tú eres el Buen Pastor y me llamas a escuchar tu voz y seguirte. Gracias porque eres digno de mi total confianza, y no necesito depender de mi propio entendimiento cuando tú me llamas a salir de mi zona de comodidad y me guías a lugares a los que nunca he ido. Sé que me estás llevando por un camino de fe, preparando oportunidades para que pueda entrar en mi propósito, empujándome y estirándome para que me adentre en lo desconocido y descubra lo que hay más allá de mis sueños. Ayúdame a tener una fe fuera de lo común que se atreve a creer y a dar nuevos pasos de fe y dejar atrás lo familiar. Creo que tú tienes algo mejor, más grande y con recompensas mayores para mi futuro. En el nombre de Jesús, amén.

> *Por la fe, Abraham dijo sí al llamado de Dios a viajar*
> *a un lugar desconocido que se convertiría en su hogar.*
> *Cuando se fue no tenía ni idea de a dónde iba.*
> Hebreos 11:8 MSG (TRADUCCIÓN LIBRE)

Para dejar de vivir por la aprobación de los demás

Padre, gracias porque estás conmigo y dices que te deleitas en mí y te regocijas conmigo con cantos. Gracias porque puedo sentirme bien con quién soy porque tú me creaste, me aceptas, me amas y me apruebas tal como soy. Ayúdame a no buscar mi identidad en otras personas, a no buscar amor y aprobación intentando agradarles, y a no intentar cumplir con las expectativas que tienen de mí. Tampoco quiero entrar a presión en el molde que han creado de quién soy. Tú ya me has dicho que soy tu obra de arte y tu posesión preciada. Declaro que mi identidad y mi valor están seguros en tus manos y no tengo que demostrar nada a nadie. Tengo tu aprobación y tu amor, y eso es todo lo que necesito. Declaro que anclo mi corazón en agradarte a ti primero y sobre todo. En el nombre de Jesús, amén.

Por lo tanto, ¡estén firmes! Abróchense la verdad alrededor de la cintura como un cinturón. Vístanse con la aprobación de Dios como coraza.

Efesios 6:14 GW (TRADUCCIÓN LIBRE)

Para tomar control de tus pensamientos

Padre, gracias porque me has dado el poder para tomar el control de las puertas de mi mente y dejar de permitir que pensamientos e imágenes negativas entren y den vueltas en ella. Tu Palabra dice que mis pensamientos gobiernan mi vida y que tú me has dado el poder de gobernar sobre mis pensamientos, mis actitudes y mis emociones. Ayúdame a sacar toda la basura de los pensamientos negativos y críticos así como las mentiras y las distorsiones acerca de mí mismo, mis circunstancias y de ti que se han colado en mi mente. Silenciaré los pensamientos que me limiten y me digan lo que no puedo hacer aprendiendo la verdad de tu Palabra tan bien, que sepa identificar las mentiras en cuanto lleguen. Ayúdame a llenar mi mente con tus promesas y a meditar en lo que tú dices. Declaro que he preparado mi mente para tener victoria hoy. Que tu paz siempre guarde mi corazón y mi mente. En el nombre de Jesús, amén.

Concéntrense en todo lo que es verdadero, todo lo honorable, todo lo justo, todo lo puro, todo lo bello y todo lo admirable. Piensen en cosas excelentes y dignas de alabanza.

Filipenses 4:8 NTV

Cuando un hijo se ha desviado del camino

Padre, gracias porque tú eres el Dios todopoderoso que me ama en todo tiempo, derrama su gracia sobre mí y nunca se rinde conmigo cuando fallo. Gracias por tu promesa de restaurar a un hijo que se desvía del camino y porque dejas las noventa y nueve para ir a las montañas a buscar la que se ha perdido. Te pido que pongas en mí el amor profundo y el corazón misericordioso que cubre sus ofensas y debilidades y que restaura, sana y está lleno de misericordia para sostenerlo. Ayúdame a ponerme en la brecha y a cubrirlo con oración así como declarar palabras de fe y ánimo sobre él. Creo en que la semilla de fe que fue plantada en su corazón nunca muere y florecerá en algún momento. Declaro que regresará, que serviremos juntos, y que tú le darás poder y autoridad en la tierra. En el nombre de Jesús, amén.

> *Instruye al niño en su camino, y aun cuando fuere viejo no se apartará de él.*
>
> Proverbios 22:6 rvr1960

Cuando estás dolido

Padre, gracias porque tú eres el Dios de todo consuelo en los momentos en que me han hecho daño, en momentos de pérdida, tristeza y llanto. Gracias porque sientes lo mismo que yo siento, te conmueve la compasión, sanas a los quebrantados de corazón y curas mis heridas. Tu Palabra dice que estás siempre conmigo y que cambiarás mi lamento en baile y mi tristeza en alegría. Creo que hay un propósito para todo lo que llega a mi vida independientemente de las decepciones y el dolor, y que tú solo permites lo que puedo soportar y es para mi bien. Sé que me encontrarás cuando me sienta abrumado, me rodearás con tus brazos y derramarás tu gracia sobre mí. Declaro que lo que tenía intención de hacerme daño, tú harás que obre a mi favor. Sé que el gozo está en camino. En el nombre de Jesús, amén.

> *Por la noche durará el lloro, y a la mañana vendrá la alegría.*
>
> Salmos 30:5 RVR1960

Cuando no entiendes

Padre, gracias porque tú eres el Dios viviente, el Rey eterno cuyos caminos y pensamientos son mucho más altos de lo que yo pueda imaginar. Gracias porque tú eres mi arquitecto y constructor y estás trabajando con un plan específico para mi vida. Cuando atraviese cosas que no entienda y nada tenga sentido, ayúdame a recordar que lo que está por llegar y me es desconocido tú lo conoces perfectamente. En las temporadas de silencio o en la prueba, cuando no puedo ver lo que estás haciendo o dónde me llevas, lo dejaré todo en tus manos y descansaré seguro en que tú vas delante de mí, estás actuando tras bambalinas, y guías estratégicamente mis pasos. Declaro que tus caminos son perfectos, que estás a mi favor y que harás que todo obre para mi bien. Miro adelante confiado en que tú me guías a un mañana más brillante. En el nombre de Jesús, amén.

> *Confía en DIOS desde lo más profundo de tu corazón; no intentes hacer las cosas por ti mismo.*
>
> Proverbios 3:5 MSG (TRADUCCIÓN LIBRE)

Cuando enfrentas adversidades y dificultades

Padre, gracias porque eres mi roca, mi fortaleza y mi refugio en tiempos de dificultad. Gracias por la promesa de que tú me has dado el poder de mantener la calma en momentos de adversidad y de gobernar sobre mis pensamientos, actitudes y respuestas ante los retos. Cuando las dificultades parezcan demasiado grandes, ayúdame a ser valiente y atreverme a creer que tú ya me has equipado con las fuerzas para superar la oposición y perseverar en la adversidad. Ayúdame a crecer en medio de ello, a aumentar mi fe y a permitir que mi carácter salga fortalecido. Creo que los obstáculos me están preparando para hacer algo más grande en mi vida, y que las dificultades me están llevando al siguiente nivel de mi destino. Declaro que mis ojos están fijos en ti, que soy fuerte y que todo lo puedo en Cristo. En el nombre de Jesús, amén.

Dios es nuestro refugio y fortaleza, nuestro pronto
auxilio en las tribulaciones. Por tanto, no
temeremos aunque la tierra sufra cambios, y aunque los
montes se deslicen al fondo de los mares.
Salmos 46:1–2 NBLA

Cuando te sientes un fracaso

Padre, gracias porque tú no eres un Dios que busca mis fallos, sino que eres rico en misericordia según el gran amor que tienes por nosotros. Gracias porque tus misericordias son nuevas cada mañana y estás haciendo todo nuevo, incluyéndome a mí. Tú dices que soy perdonado y redimido, y que Jesús ha pagado en la cruz por todos mis errores, fracasos y desastres. No arrastraré los fracasos de ayer al día de hoy para que no me impidan avanzar. Creo que tu misericordia es más grande que mis fracasos. Declaro que dejo atrás lo que hice, sacudiéndome la culpa y los pensamientos condenatorios así como la mentalidad de víctima y el desánimo, creyendo que tú me darás un nuevo comienzo, una nueva oportunidad. No me dejaré definir por mis fracasos sino por lo que tú dices acerca de mí. Me levanto y avanzo en victoria. En el nombre de Jesús, amén.

> *Porque siete veces podrá caer el justo, pero otras tantas se levantará.*
>
> Proverbios 24:16 NVI

Cuando necesitas un avance

Padre, gracias porque David te llamó el Dios del avance; el Dios que rompe barreras como una inundación arrolladora. Gracias porque has señalado momentos clave de destino en mi vida para romper las puertas de bronce: las cosas negativas que me detienen. Tú dices que, en los momentos difíciles cuando no veo la salida y todo está oscuro, tú lo inundas todo de luz y dirección. Declaro que estás rompiendo fortalezas en mi mente así como cadenas de depresión, ansiedad, temor, escasez, adicciones, enfermedades y dificultades en el trabajo o el hogar. Creo que acelerarás cosas que deberían tardar años, cambiando lo que parece inalterable. Declaro que llegan cambios, favor y sanidad. En el nombre de Jesús, amén.

> *Haré pedazos las puertas de bronce y cortaré los cerrojos de hierro... para que sepas que yo soy el Señor, el Dios de Israel, que te llama por tu nombre.*
>
> Isaías 45:2–3 NVI

Cuando necesitas esperanza

Padre, gracias porque tú eres el Dios de la esperanza y prometes llenarme de gozo y paz para que la esperanza sobreabunde en mi vida. Gracias porque en medio de un mundo lleno de inseguridades en el que la esperanza a menudo es aplastada y puede parecer que no hay razones para tenerla, puedo tener fe y esperanza sabiendo que tus planes para mi vida son inamovibles; planes llenos de esperanza y un futuro de abundancia. Tú dices que mis expectativas en ti nunca serán defraudadas porque todo lo que tú prometes se cumplirá. Declaro que mi fe está firmemente anclada en mi esperanza en ti y no basado en lo que veo o en lo que siento. Creo que tú estás actuando tras bambalinas incluso ahora, haciendo que ocurran cosas que yo no puedo hacer que ocurran. En el nombre de Jesús, amén.

Abraham creyó aun cuando no había esperanza,
decidiendo vivir no basado en lo que veía que no podía
hacer, sino basado en lo que Dios decía que podía hacer.
ROMANOS 4:18 MSG (TRADUCCIÓN LIBRE)

---◦---

Cuando necesitas paz

Padre, gracias porque tú eres el Señor de paz, el Príncipe de paz, que promete guardarme en perfecta paz cuando mi mente permanece en ti, porque confío en ti. Gracias porque eres el Dios Altísimo que ve todos los conflictos, la incertidumbre, la preocupación, el temor y las circunstancias inesperadas que enfrento a lo largo de mi vida. Tú dices que deje que la paz de Jesús gobierne mi corazón, así que dejo ir las cosas que me estresan. Declaro que mi paz y mi fortaleza están en ti, sabiendo que tú estás en el trono y siempre me guardas y me cuidas aún en medio de las dificultades. Viviré con una actitud de descanso y no permitiré que nada ni nadie robe mi paz. Hoy, todo está bien. En el nombre de Jesús, amén.

> *«Les he dicho todo esto para que, confiando en mí, sean inamovibles y estén seguros, con una paz profunda. En este mundo en el que Dios no es el centro seguirán teniendo dificultades. ¡Pero anímense! Yo he conquistado al mundo».*
>
> Juan 16:33 MSG (TRADUCCIÓN LIBRE)

---◦---

Cuando necesitas fuerzas para perseverar

Padre, gracias porque tú eres mi fuerza, porque me fortalezco en ti y en el poder de tu fuerza. Gracias porque tus ojos recorren toda la tierra para fortalecer a aquellos cuyos corazones están entregados a ti. Tú dices que me has dado poder para aplastar todo el poder del enemigo porque tu Espíritu vive en mí. Has prometido estar conmigo, fortalecerme y ayudarme, así como sostenerme con tu mano derecha. Me sacudo el cansancio y me aferro a tu fortaleza para perseverar, salir victorioso y resistir cualquier cosa que salga contra mí. Creo que tu gracia es suficiente para ayudarme a atravesar todas las dificultades y tentaciones. Ayúdame a seguir permaneciendo firme hasta que obtenga la victoria, y llévame hasta donde no puedo llegar en mis fuerzas. En el nombre de Jesús, amén.

> *Pero los que esperan a JEHOVÁ tendrán nuevas fuerzas;*
> *levantarán alas como las águilas; correrán, y no se*
> *cansarán; caminarán, y no se fatigarán.*
>
> Isaías 40:31 RVR1960

Cuando las preocupaciones pesan

Padre, gracias porque todo lo que hay en el cielo y en la tierra es tuyo y tú gobiernas sobre todo. Gracias porque así como cuidas tan maravillosamente de las flores del campo, Jesús dice que me proveerás todo lo que necesito para cada temporada en la que me encuentro. Tu Palabra me dice que deje a un lado todas las cargas pesadas de la preocupación, el dolor, el remordimiento, los sentimientos de que no valgo nada, la culpabilidad y las frustraciones que se cuelan y me impiden ser la mejor versión de mí. Creo que tú tienes recursos ilimitados, y que todo lo que necesito llegará a mi vida en el momento correcto porque tú eres mi fuente. Declaro que clamo a tu gran nombre y te entrego todas mis cargas, sabiendo que tú puedes llevarlas por mí y lo harás. Decido descansar en fe, sabiendo que tú estás en control y no se te escapa nada. En el nombre de Jesús, amén.

Luego dijo Jesús: «Vengan a mí todos los que están cansados y llevan cargas pesadas, y yo les daré descanso».

Mateo 11:28 NTV

INVITACIÓN A UNA REFLEXIÓN MÁS PROFUNDA

Reflexiones del Capítulo Uno: Atrévete a orar audazmente

1. ¿Dirías que estás pidiendo por tus sueños y por las peticiones secretas que Dios ha puesto en tu corazón, o principalmente por cosas pequeñas? Toma un tiempo para reflexionar sobre tu experiencia pasada y presente.

2. Salmos 2:8 dice: «Eres mi hijo y hoy es tu cumpleaños. ¿Qué quieres? Solo pídelo: ¿Las naciones como regalo? ¿Los continentes como premio?» (MSG, TRADUCCIÓN LIBRE). ¿Cómo se compara eso con lo que estás pidiendo? Escribe algunas de tus oraciones más frecuentes. ¿Cómo puedes cambiarlas para que sean oraciones audaces?

3. Lee la sorprendente discusión que tuvo Jesús con la mujer samaritana en Juan 4:1–26. ¿Qué valiosa lección puedes sacar de la promesa de pedir «agua viva»? ¿Qué «agua viva» necesitas ahora mismo? Escribe una oración que exprese los deseos de tu corazón.

4. Imagina que en el cielo hay un almacén gigante y dentro hay una caja con tu nombre en ella. ¿De qué modo has visto que tu mente intenta convencerte de no pedir y creer lo que Dios tiene para ti? ¿Qué puedes hacer para cambiar eso?

5. El apóstol Pablo dice: «Dios puede hacer cualquier cosa, ¿saben? ¡Mucho más de lo que puedan imaginar, adivinar

o pedir en sus sueños más audaces!» (Ef. 3:20 MSG, TRADUCCIÓN LIBRE). ¿Qué te está mostrando Dios acerca de sí mismo y su favor infinito hacia ti? ¿Qué te dice eso acerca de las veces que en tu vida hay situaciones que parecen imposibles?

6. Basándote en lo que has aprendido en este capítulo, ¿cómo puedes comenzar a hacer oraciones audaces todos los días? ¿Qué te está diciendo Dios acerca de elevar tus expectativas, así como orar y creer en grande? ¿De qué maneras nuevas está deseando mostrarse en tu vida?

Reflexiones del Capítulo Dos: Bendecidos en verdad

1. Santiago 4:2 dice: «No tienen lo que desean porque no se lo piden a Dios» (NTV). ¿Es eso cierto en tu vida? ¿Qué podrías estar perdiéndote hoy simplemente por no haber pedido? ¿Por qué no pedir?

2. Salmos 81:10 contiene un principio asombroso: «Abre bien la boca, y te la llenaré» (NVI). ¿Qué significa eso? ¿Cuán abierta dirías que está tu boca? ¿Qué puedes hacer para abrirla más?

3. Jesús dice: «No temáis, manada pequeña, porque a vuestro Padre le ha placido daros el reino» (Lucas 12:32 RVR1960). ¿Cómo puede afectar creer eso la audacia de tus oraciones?

4. Lee 1 Crónicas 4:1–10. ¿Qué hizo que el autor detuviera la genealogía para describir a Jabes? ¿Se detendría el autor por la misma razón si estuviera escribiendo la genealogía de tu familia? ¿Qué pedía Jabes cuando dijo «en verdad» (NBLA)? ¿Qué te dice eso de la diferencia que puede marcar una oración audaz?

5. Lee 2 Reyes 2. ¿Qué petición audaz hizo Eliseo y en qué se parece a la que hizo Jabes de «Dios, bendíceme en verdad»?

¿Cómo llevó esa oración a Eliseo a alcanzar su destino? ¿Podría ser cierto el mismo principio para ti?

Reflexiones del Capítulo Tres: Provisión sobrenatural

1. «Debes prosperar en tu mente antes de poder prosperar en tus circunstancias». ¿Qué significa esta afirmación? ¿Dirías que tienes una mentalidad de escasez o una mentalidad de abundancia?

2. ¿Qué fue lo primero que pensaste cuando leíste que «la economía puede subir o bajar, pero esa no es tu fuente; Dios es tu fuente»? En los retos diarios para pagar las facturas y proveer lo necesario, ¿realmente crees eso en tu corazón? Explica tus pensamientos.

3. Salmos 35:27 dice: «Que todo el tiempo digan: "¡Grande es el Señor, quien se deleita en bendecir a su siervo..."» (NTV). ¿De qué manera están influyendo tus palabras sobre tu provisión? ¿En qué áreas debes ponerte de acuerdo con lo que Dios piensa y hacer que eso sea cierto en tu vida?

4. Proverbios 3:9-10 dice: «Honra al Señor con tus riquezas y con los primeros frutos de tus cosechas. Así tus graneros se llenarán a reventar» (NVI). ¿En qué cosas tienes que poner a Dios en primer lugar si quieres ver una provisión sobrenatural? ¿Tienes que hacer cambios en tu generosidad?

5. Lee Éxodo 17:1-7. ¿Por qué Dios permite que ocurran situaciones como esta en nuestras vidas? ¿Alguna vez has visto a Dios intervenir repentinamente y suplir tu necesidad cuando te estabas quejando o refunfuñando en lugar de orar y pedir? ¿Qué te estaba mostrando Dios acerca de sí mismo?

6. Lee Números 11. Cuando Moisés le dijo a Dios que la situación era imposible, Dios respondió: «¿Acaso se ha acortado el brazo del Señor?». Pon un ejemplo de tu experiencia en el

que respondiste como Moisés a una promesa de Dios. ¿Cuál fue el resultado?

7. ¿Qué estás enfrentando hoy que necesita la provisión sobrenatural de Dios? No sigas cargando con el peso de la preocupación. Escribe una oración al Señor y pídele por ello; después, déjalo en sus manos por fe y entra en su descanso.

Reflexiones del Capítulo Cuatro: Despierta tu gran fe

1. La Escritura habla sobre diferentes niveles de fe. Lee Mateo 8:23–27. Si tú hubieras estado en la barca y hubieras visto todo lo que Jesús había hecho anteriormente, ¿crees que tu respuesta de fe habría sido mejor que era de los discípulos? Explica por qué.

2. ¿Cuál fue tu primera reacción ante la siguiente afirmación: «la buena noticia es que tienes una gran fe en tu interior»? ¿Crees que eso es cierto? ¿Qué debes hacer para despertar tu gran fe?

3. Lee Lucas 7:1–10. ¿Qué tenía la fe del centurión romano que hizo que Jesús se maravillara y dijera que era «grande»? ¿Qué había entendido acerca de Jesús que alimentaba su gran fe? ¿Qué valiosa lección puedes aprender de este ejemplo?

4. Lee Mateo 15:21–28. ¿En qué se diferenciaban la fe de la mujer cananea y la del centurión romano? ¿En qué se parecían?

5. Jesús se maravilló ante la fe del centurión romano. Lee Marcos 6:1–6. ¿Qué hizo que Jesús se maravillara? Cuando Dios te mira, ¿de qué crees que se maravilla?

6. Lee Marcos 5:21–35. Había otras personas entre la multitud que necesitaban sanidad ese día, pero esta mujer fue la única persona que resultó sanada. ¿Qué fue lo que hizo que ella fuera diferente? Si esta mujer pudo recibir su milagro

sencillamente por su fe, ¿hay alguna razón por la que no puedas recibir los milagros que necesitas? Explica tus pensamientos.

7. Dios quiere usarte de maneras asombrosas para cumplir sueños que te dejen maravillado y para llevarte a lugares que nunca pensaste que fueran posibles. ¿Qué has aprendido en este capítulo que usarás para despertar tu gran fe?

Reflexiones del Capítulo Cinco: Ver más allá de la lógica

1. Jesús le dijo a Pedro: «Representas una trampa peligrosa para mí. Ves las cosas solamente desde el punto de vista humano, no desde el punto de vista de Dios» (Mat. 16:23 NTV). ¿Por qué utilizó Jesús una palabra tan fuerte? ¿En qué sentido es una advertencia para todos nosotros?

2. Pon un ejemplo de un momento en el que permitiste que tu lógica limitara un sueño que Dios puso en tu corazón. ¿Que se coló en tu mentalidad para impedirte avanzar en fe?

3. Jesús dice: «Humanamente hablando es imposible, pero para Dios todo es posible» (Mat. 19:26 NTV). Escribe una lista de algunas de las maneras en que Dios ha hecho lo imposible a lo largo de la Escritura. ¿Ha cambiado Dios en algo desde que hizo esas cosas (Hebreos 13:8)? ¿Hay alguna razón para pensar que Él no puede hacer lo mismo hoy?

4. Lee Lucas 1:26–38. ¿Qué lección puedes aprender de María para los momentos en los que Dios pone una promesa en tu corazón que no tiene sentido? ¿Qué te está hablando Dios que también le habló a María?

5. Jesús les dijo a los fariseos: «Ustedes juzgan con criterios erróneos, según criterios humanos» (Juan 8:15 VOICE, TRADUCCIÓN LIBRE). Ellos limitaron su forma de ver a Jesús reduciéndola a lo que podían entender. ¿En qué cosas hacemos

nosotros lo mismo todos los días? ¿Te sientes atascado porque ves las cosas solo desde tu propia perspectiva?

6. Lee Hechos 28:1–6. Los isleños reconocieron la serpiente venenosa y sabían que Pablo debía morir. ¿Te cuesta tomar en serio el milagro porque es una historia bíblica? ¿Cuál sería tu reacción si la serpiente colgara de tu propia mano?

7. Lee Génesis 18:1–15; 21:1–7. ¿Cuál era la fuente de las dos risas diferentes de Sara? Describe un momento en el que Dios te asombró y te hizo reír aunque tenías un conocimiento limitado en lo que Él podía hacer.

Reflexiones del Capítulo Seis: Recibe cuando crees

1. Jesús dice: «Crean que ya han recibido todo lo que estén pidiendo en oración y lo obtendrán» (Mar. 11:24 NVI). Cuando oras por tus necesidades, ¿dirías que estás recibiendo lo que estás creyendo? Toma un tiempo para pensar en esto. ¿Estás pidiendo y esperando, o pidiendo y recibiendo?

2. «Solo los que creemos podemos entrar en su descanso» (Hebreos 4:3 NTV). Describe un momento en el que oraste y sabes que recibiste y entraste en su descanso.

3. Lee Marcos 11:12–26. ¿De qué manera demuestra este incidente con la higuera el principio del que Jesús habló en el versículo 24? ¿En qué se parece a esto la afirmación de Pablo en 2 Corintios 5:7?

4. Puede que hoy tengas delante una higuera que aún tiene todas sus hojas aunque tú has creído y recibido. ¿Qué es lo que Dios ve y que tienes que recordarte a ti mismo de lo que ya ha ocurrido?

5. ¿Le pides a Dios lo mismo una y otra vez? ¿Qué demuestra eso? ¿Qué cambio en tus pensamientos te ayudará a mejorar en este área?

6. Lee 1 Juan 5:14–15. ¿Qué fuente tienes que te muestra la voluntad de Dios para tu vida con completa claridad? ¿Qué valor le das en tu horario diario? ¿Apartas tiempo para alimentar tu confianza y tu fe a través de un entendimiento más profundo de su Palabra?

7. ¿De qué manera concuerda perfectamente Santiago 1:5–7 con Marcos 11:24? ¿Hay algún motivo para creer que Dios es reacio a darte sabiduría o cualquier otra cosa que sea su voluntad? ¿Cómo te anima esto para ayudarte a recibir cuando crees?

Reflexiones del Capítulo Siete: Verdaderamente libre

1. La Escritura dice: «Por lo tanto, si el Hijo los hace libres, son verdaderamente libres» (Juan 8:36 AMP, TRADUCCIÓN LIBRE). ¿Qué significa ser verdaderamente y completamente libre? ¿Dirías que esto es cierto en tu vida? ¿De qué maneras eres libre y de qué maneras no?

2. Lee éxodo 3:7–8. ¿Qué te dice sobre cualquier cosa que te estorbe, te ate o te detenga? ¿Qué está a punto de hacer Dios y a dónde te llevará? ¿Qué clase de seguridad y esperanza te da esta promesa para hoy y para el futuro?

3. Dios dice: «Pero ahora, hoy te libro de las cadenas que están en tus manos» (Jeremías 40:4 NBLA). Enumera algunas de esas cadenas. En el pasado, ¿qué ha ocurrido con tus esfuerzos para quitar esas cadenas de las cuales te tienes que deshacer?

4. Según Romanos 8:1–16 e Isaías 9:4, ¿cuál es la única manera en que puedes llegar a ser verdaderamente libre? ¿Dónde tiene que comenzar esto para ti? ¿Cómo puedes alinearte con lo que Dios piensa acerca de esto?

5. Lee Juan 5:1–17. La mayoría de nosotros lidiamos con un trastorno permanente, un problema que no se va. ¿Qué te

dice la sanidad de este hombre acerca de cualquier trastorno con el que puedas estar lidiando? ¿Cuáles son algunas de las razones que has utilizado en el pasado para no mejorar y no superarlo?

6. ¿Qué dice la ley en Deuteronomio 15:12–18? ¿Qué te muestra esto acerca de ser verdaderamente libre? ¿Cómo te sientes al saber que estás entrando en tu séptimo año?

7. ¿Qué te ha estado diciendo Dios a través de este capítulo acerca de vivir en libertad? Escribe un resumen de sus pensamientos para ti.

Reflexiones del Capítulo Ocho: Creer sin una señal

1. Describe lo que significa Hebreos 11:1 en términos prácticos cuando estás orando y creyendo pero nada cambia. ¿Qué debes hacer en los momentos cuando Dios parece estar callado?

2. Lee Juan 20:24–29. ¿Crees que hubieras reaccionado a la resurrección de Jesús de modo diferente a como lo hizo Tomás? ¿De qué modo? ¿Qué puedes aprender de esta experiencia?

3. En 2 Reyes 20:1–11, ¿cómo reaccionó Ezequías a las malas noticias que le dio Isaías? ¿Qué asombroso mensaje te cuenta esto acerca del poder de la oración para cambiar vidas? ¿Cómo te sientes al saber eso?

4. ¿Cuál es el problema de depender siempre de una señal? ¿Cuánto batallas con la necesidad de tener señales? ¿Cuál es el enfoque correcto?

5. Lee 1 Reyes 18:41–46. ¿Qué te dice esto acerca de las cosas que Dios pondrá en tu espíritu? ¿Qué tienes que hacer cuando estás pidiendo lluvia con fe pero solo ves un cielo azul? ¿Has experimentado un momento como ese cuando

una pequeña nube por fin se levanta y finalmente le sigue una tormenta sorprendente? ¿Cómo fue?

6. Lee Hechos 12:1–10. ¿Qué te dice el versículo 7 acerca de los momentos cuando todo está en tu contra? ¿Por qué Dios prepara momentos en los que tenemos que esperar, creer y no ser movidos por lo que no vemos?

7. ¿Qué lección puedes aprender de la experiencia de Simeón en Lucas 2:22–32 que te ayudará a orar más audazmente ahora y en el futuro?

Reflexiones del Capítulo Nueve: Ora por otros

1. La Escritura dice: «Oren unos por otros…La oración eficaz del justo puede lograr mucho» (Santiago 5:16 NBLA). ¿Cuáles son algunas necesidades obvias que ves en las personas que Dios ha puesto en tu vida? ¿Cómo te sientes al saber que tus oraciones por ellos tienen mucho poder para producir cambios en sus vidas?

2. Lee Job 42:7–17. Incluso cuando tienes grandes necesidades propias, ¿qué valiosa lección acerca de orar audazmente por los demás puedes aprender del ejemplo de Job?

3. El apóstol Pablo dice: «Sobrellevad los unos las cargas de los otros, y cumplid así la ley de Cristo» (Gal. 6:2 RVR1960). ¿Qué significa eso? ¿Qué papel juega la oración en eso? ¿De qué maneras has hecho que esto sea parte de tu vida diaria?

4. ¿Cuál fue tu respuesta inmediata a la afirmación: «La oración mueve las manos que gobiernan el mundo»? ¿Crees eso con respecto a tus oraciones? Si es así, ¿lo es estado tomando en serio? El poder de la oración está en tus manos. ¿Para qué lo estás usando?

5. Lee Ezequiel 22:30. ¿Qué significaba ponerse en la brecha en ese momento? ¿Qué significa para ti hoy? Nombra a una

persona por la que te pondrás en la brecha para cubrirla en oración hasta que sus muros derribados sean reparados.

6. Lee Éxodo 32:1–14 y después Salmos 106:23. ¿Qué se dice que hizo Moisés? ¿Cuán importante puede llegar a ser ponerse en la brecha por los demás? ¿Qué cosa asombrosa ocurrió cuando se puso en la brecha por los israelitas? ¿Crees que en determinadas situaciones tus oraciones pueden hacer lo mismo?

7. Es fácil mirar a alguien que está haciendo las cosas mal y perder la esperanza. Puede que ni siquiera seamos conscientes de que les hemos descartado como una causa perdida. ¿Te viene alguien a la mente? ¿Qué mensaje tiene Moisés para ti?

Reflexiones del Capítulo Diez: Sigue creyendo por tus seres queridos

1. Lee Hechos 8:1–3; 9:1–19. ¿Si hubieras conocido a Saulo antes de que se convirtiera en Pablo, habrías creído que podía cambiar? ¿Crees que habrías respondido como Ananías y habrías ayudado a un enemigo como lo era Saulo?

2. Da una descripción de la mujer samaritana en Juan 4:1–26. ¿Cómo la trató Jesús? ¿Tiendes a evitar a las personas que viven vidas «desordenadas»?

3. ¿Tienes un hijo o un ser querido que se ha desviado del camino y necesita que tengas paciencia y sigas creyendo por él o ella? Lee 1 Corintios 13:4–8. «El amor nunca falla». Mientras eres paciente por alguien que está en necesidad, ¿de qué maneras puedes mostrar amor para que regrese al camino?

4. Lee la historia del hijo pródigo en Lucas 15:11–31. ¿De qué maneras mostró este padre su amor mientras esperaba a su hijo? Si tú fueras el padre, ¿crees que responderías igual que él? ¿Cuál es nuestra tarea hacia el pródigo, y cuál es la tarea del Espíritu Santo?

5. Según Juan 13:35, ¿qué es lo más importante que debemos hacer por los demás? Describe un momento en el que alguien se puso a tu lado y simplemente te amó y te apoyó cuando necesitabas cambiar en lugar de confrontarte y decirte cuán equivocado estabas. ¿Cuál fue el resultado?

6. Lee Lucas 19:1–11. ¿Qué reputación tenía Zaqueo? A pesar de eso, ¿qué buscaba ese día? ¿Qué te dice eso acerca de lo que ocurre en el interior de las vidas de las personas? ¿Le habrías pedido tú que te invitara a su casa como hizo Jesús? ¿Qué lección puedes aprender del ejemplo de Jesús?

Reflexiones del Capítulo Once: Recuerda lo que Dios dijo

1. ¿Qué dice 2 Corintios 1:20 que es siempre cierto? Describe una de las promesas que Dios te haya hecho que no se ha cumplido y con la que el enemigo te tienta a vivir frustrado, preocupado o temeroso. ¿Cómo contrarrestas eso? ¿Cómo mantienes la fe?

2. Lee Juan 11:17–44. En el momento de menos esperanza, ¿qué le dijo Jesús a Marta? Cuando estés desanimado o estresado y preocupado por algo, ¿con qué ha dicho Dios que derrotarás esos pensamientos negativos?

3. En Job 8:20–21; 19:23–27, ¿que hizo y dijo Job para superar el momento difícil de haber perdido a sus hijos, su negocio y su salud? Al final de la prueba de Job, en Job 42:12–17, ¿cómo terminó Job? ¿Qué te dice eso acerca de los momentos en los que estés siendo tentado?

4. Lee Lucas 24:1–10. ¿Que transformó el desánimo, la tristeza y la derrota de estas mujeres en esperanza y pasión? Describe un momento difícil en el que experimentaste algo similar.

5. Describe la escena sobre el agua desde el punto de vista de Pedro en Mateo 14:22–33. ¿Qué crees que pudo inspirarlo

a salir de la barca? ¿Hay alguna situación en tu vida en la que Jesús te esté llamando a caminar sobre el agua? ¿Qué significaría eso?

6. Lee Nehemías 1-2. Cuando Nehemías dio un paso de fe valiente, ¿qué hizo Dios por él y que consiguió? ¿Qué hará Dios por ti cuando hagas lo mismo?

7. Pedro caminó sobre el agua. Nehemías reconstruyó los muros de Jerusalén. ¿Qué crees que Dios quiere hacer a través de tu vida?

Reflexiones del Capítulo Doce: Dios tiene la última palabra

1. Según Romanos 8:31-32, ¿qué significa que Dios esté a tu favor en términos prácticos?

2. Lee Daniel 3. ¿Qué es cierto acerca de los hijos del Dios Altísimo aun cuando enfrentan lo que parecen situaciones imposibles? ¿Qué te dice eso acerca de los momentos en los que sientes que debes agradar a las personas para ser aceptado y valorado?

3. Si las personas tuvieran la última palabra, ¿qué le habría ocurrido a David en 1 Samuel 16:1-13? ¿Qué te dice esto acerca de los propósitos que Dios tiene para tu vida?

4. Toma un momento para meditar en esta asombrosa afirmación: «Jesús tiene la última palabra en todo y en todos, desde ángeles hasta ejércitos. Él está a la derecha de Dios, y lo que Él dice es definitivo» (1 Pedro 3:22 MSG, TRADUCCIÓN LIBRE). ¿Qué crees que implica esto en tu propia vida?

5. Lee Romanos 4:19-21. Cuando Dios pone algo en tu corazón que crees que nunca ocurrirá, ¿qué puedes aprender de la experiencia de Abraham que te puede ayudar? ¿Cómo puedes mantenerte de acuerdo con Dios?

6. En Génesis 39-41, ¿qué opinión tenían sobre la vida de José sus hermanos, Potifar y el prisionero al que José interpretó un sueño? ¿Qué ocurrió cuando Dios tuvo la última palabra? ¿Qué te dice eso acerca de cualquier cosa que te esté deteniendo?

7. Lee Juan 11:1-44. ¿Alguna vez te ha parecido que orabas y te mantenías firme pero Dios intervenía demasiado tarde? ¿Por qué un periodo de silencio cuando más lo necesitabas a Él? ¿Qué debe ocurrir mientras esperas?

8. Cuando Jesús dio su último aliento en la cruz y murió, el enemigo celebró lo que parecía ser su victoria sobre el Hijo de Dios. ¿Qué les faltó tomar en cuenta? ¿Qué lección puedes aprender que te ayude a seguir haciendo oraciones audaces que muevan las manos que gobiernan el mundo?

RECONOCIMIENTOS

En este libro ofrezco muchas historias que amigos, miembros de nuestra congregación y personas que he conocido alrededor del mundo han compartido conmigo. Aprecio y reconozco sus contribuciones y su apoyo. Algunas de las personas mencionadas en el libro son personas que no he conocido personalmente y, en algunos casos, hemos cambiado los nombres para proteger la privacidad de los individuos. Honro a todos aquellos que merecen esa honra. Como pastor e hijo de un líder de iglesia, he escuchado infinidad de sermones y presentaciones, por lo que en algunos casos no puedo recordar la fuente exacta de una historia.

Estoy en deuda con el asombroso equipo de la Iglesia Lakewood, los maravillosos miembros de Lakewood que comparten sus historias conmigo, y aquellos alrededor del mundo que con generosidad apoyan nuestro ministerio y hacen posible llevar esperanza a un mundo que la necesita. Estoy agradecido con todos aquellos que siguen nuestra reuniones en la televisión, el Internet, SiriusXM, y a través de los podcasts. Todos ustedes son parte de nuestra familia de Lakewood.

Quiero agradecer especialmente a todos los pastores del país que son miembros de nuestra red Champions Network.

Una vez más, estoy agradecido por tener un maravilloso equipo de profesionales que me ayudaron a armar este libro para todos ustedes. A la cabeza de todos ellos está mi editora de FaithWords/Hachette, Daisy Hutton, junto con Patsy Jones y el equipo de FaithWords. Aprecio profundamente las contribuciones editoriales del lexicógrafo

Lance Wubbels, y quiero dar las gracias especialmente a Phil Munsey por sus perspectivas y su amistad.

También estoy muy agradecido con mis agentes literarios Jan Miller Rich y Shannon Marven de Dupree Miller & Associates.

Y, por último, pero no por ello menos importante, gracias a mi esposa Victoria y a nuestros hijos; Alexandra y Jonathan y su esposa Sofía, que son mi fuente de inspiración diaria. Gracias también a los miembros más cercanos de nuestra familia que son también líderes día a día en nuestro ministerio, incluyendo a mi mamá Dodie, mi hermano Paul y su esposa Jennifer, mi hermana Lisa y su esposo Kevin, y mi cuñado Don y su esposa Jackelyn.

¡QUEREMOS SABER DE TI!

Cada semana concluyo nuestra emisión internacional de televisión dando a la audiencia la oportunidad de hacer a Jesús el Señor de sus vidas, y me gustaría ofrecerte a ti esa misma oportunidad. ¿Estás en paz con Dios? Existe un vacío en el corazón de cada persona que solamente Dios puede llenar. No estoy hablando de unirte a una iglesia o encontrar una religión. Hablo de encontrar vida, paz y felicidad. ¿Quieres orar conmigo hoy? Simplemente di: "Señor Jesús, me arrepiento de mis pecados. Te pido que entres en mi corazón, y te hago mi Señor y Salvador".

Amigo, amiga, si hiciste esa sencilla oración, creo que has "nacido de nuevo". Te animo a que asistas a una buena iglesia que se base en la Biblia y mantengas a Dios en el primer lugar en tu vida. Para recibir información gratuita sobre cómo puedes fortalecerte en tu vida espiritual, por favor, siéntete libre para contactarnos.

Victoria y yo te amamos, y estaremos orando por ti. Estamos creyendo por lo mejor de Dios para ti, para que veas cumplirse tus sueños. ¡Nos encantaría saber de ti!

Para contactarnos, escribe a:

Joel y Victoria Osteen
PO Box #4271
Houston, TX 77210

O puedes encontrarnos en el Internet en www.joelosteen.com.